宮内庁書陵部編

圖書寮叢刊

九条家本紙背文書集　中右記

明治書院

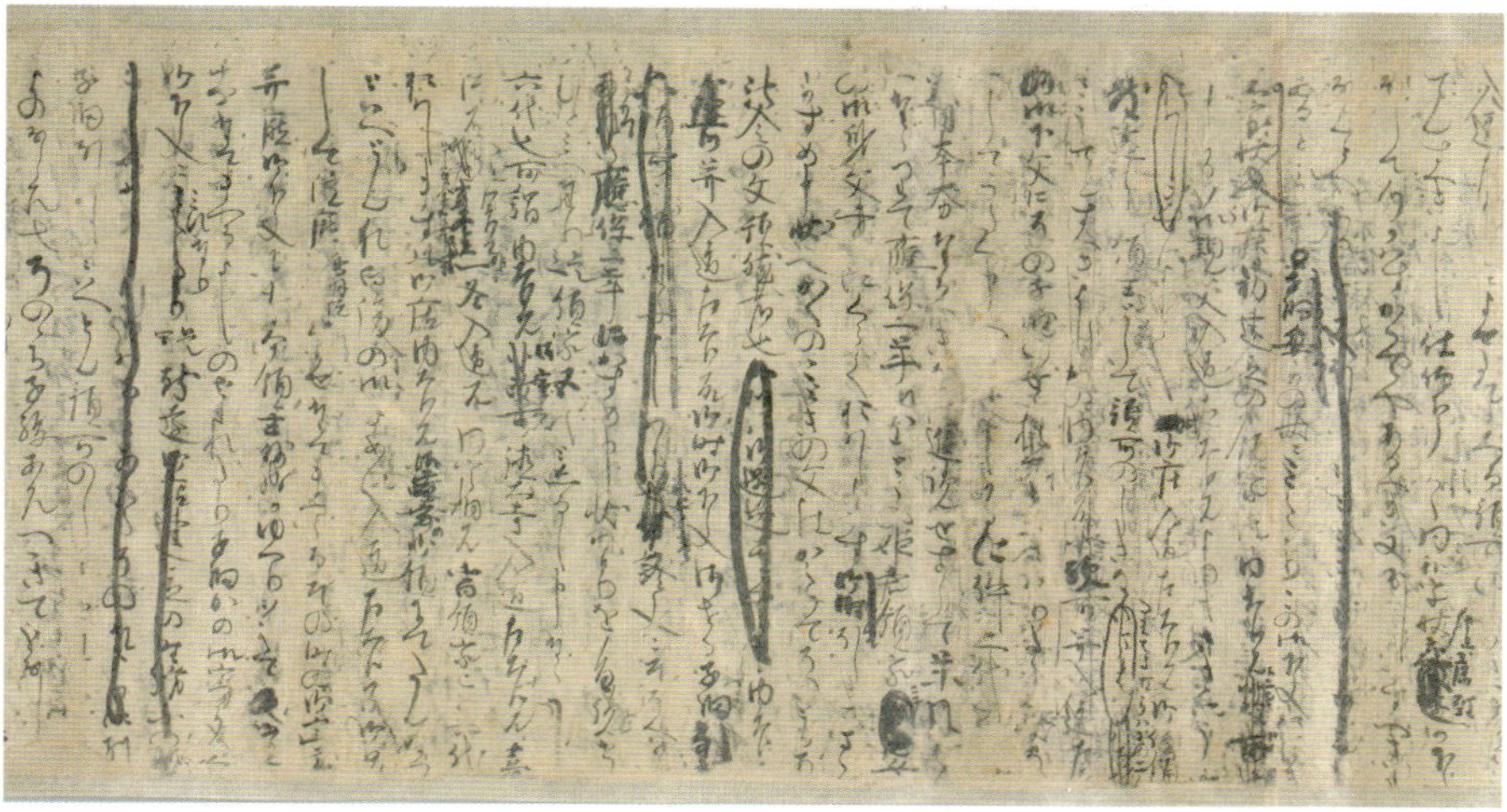

1 官掌中原国用陳状案（第2～3紙）

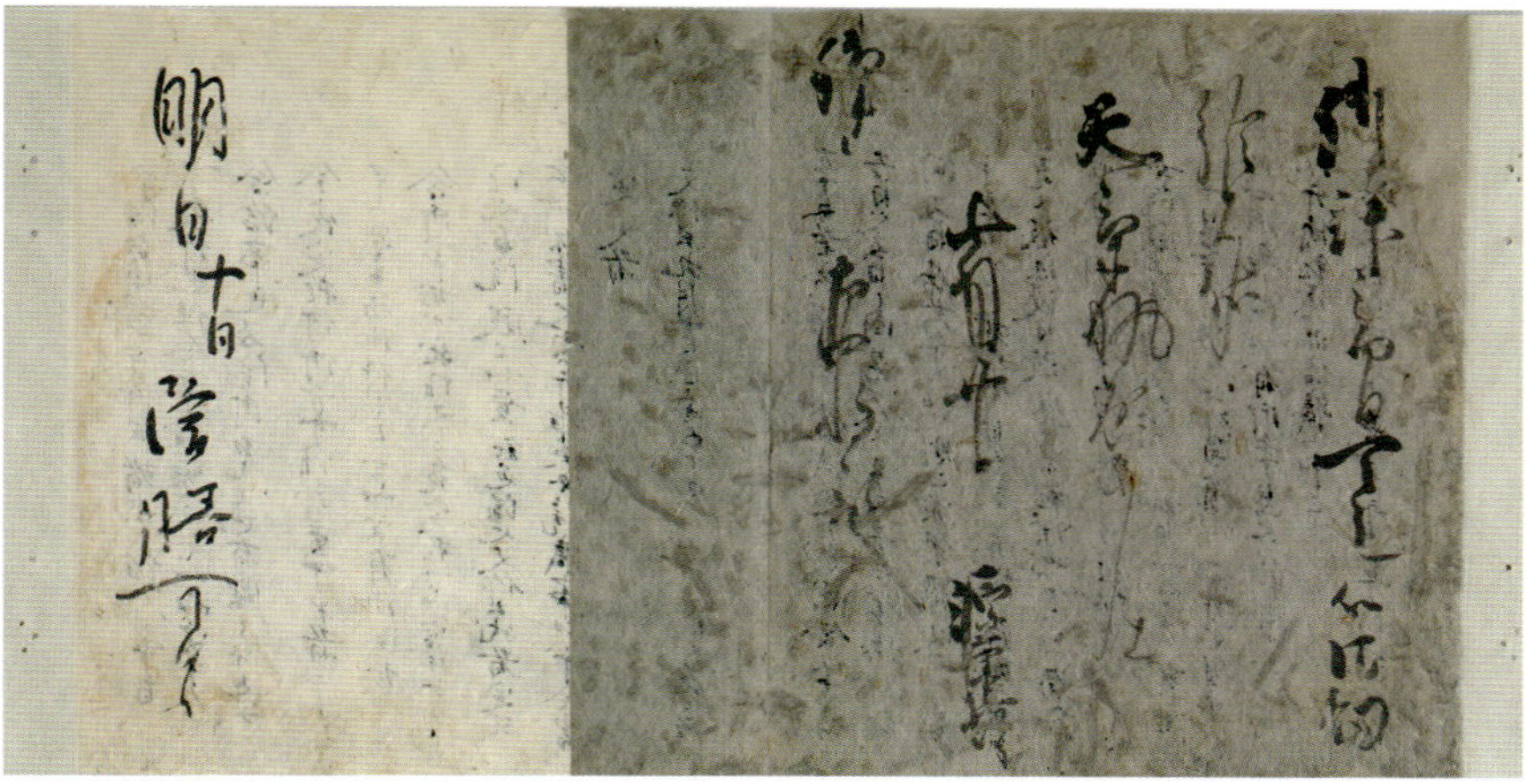

93 藤原家季ヵ請文（後欠）・94 後堀河天皇綸旨（宿紙、前欠）

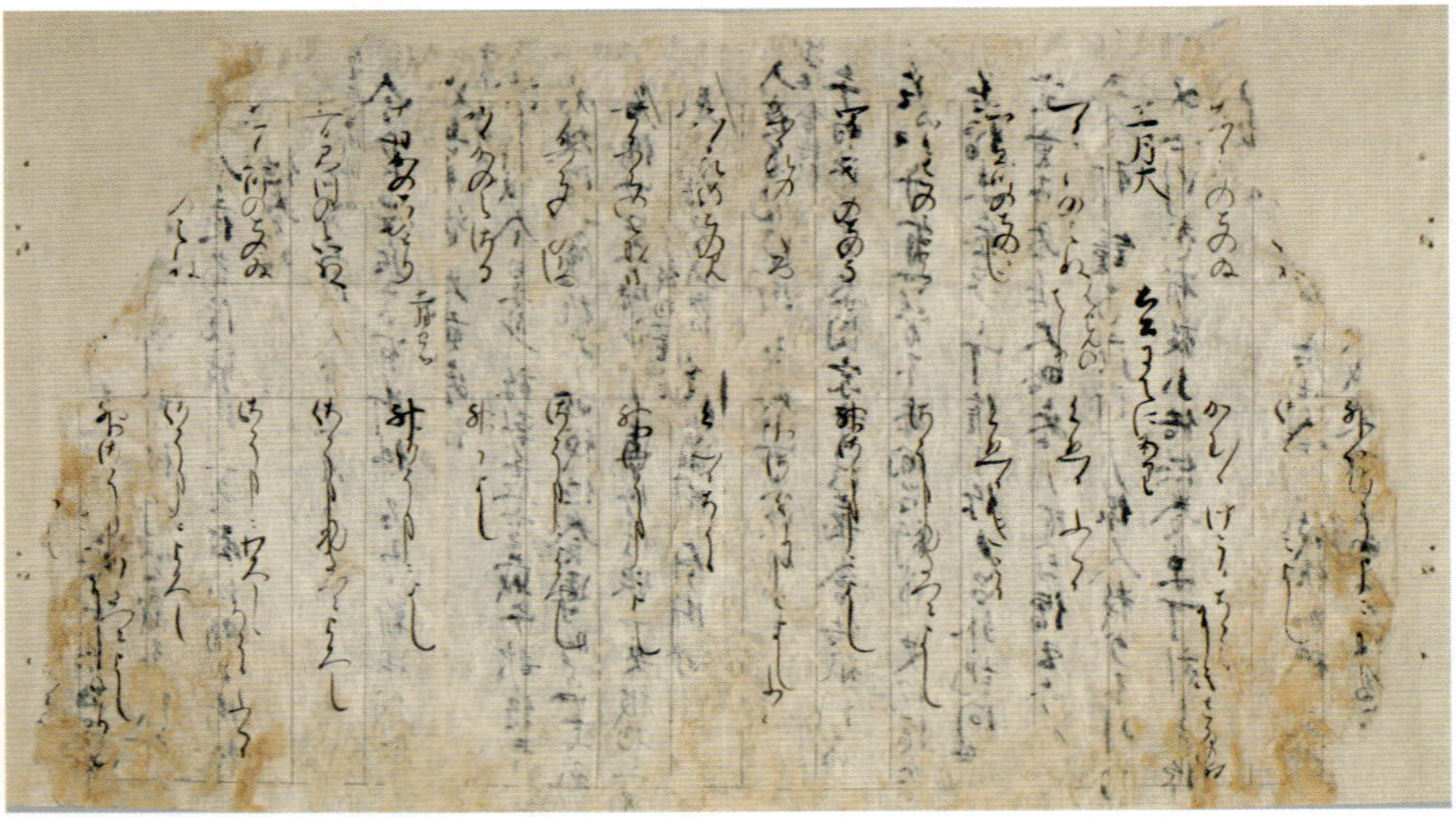

144 嘉禄二年仮名暦　十月　十一月

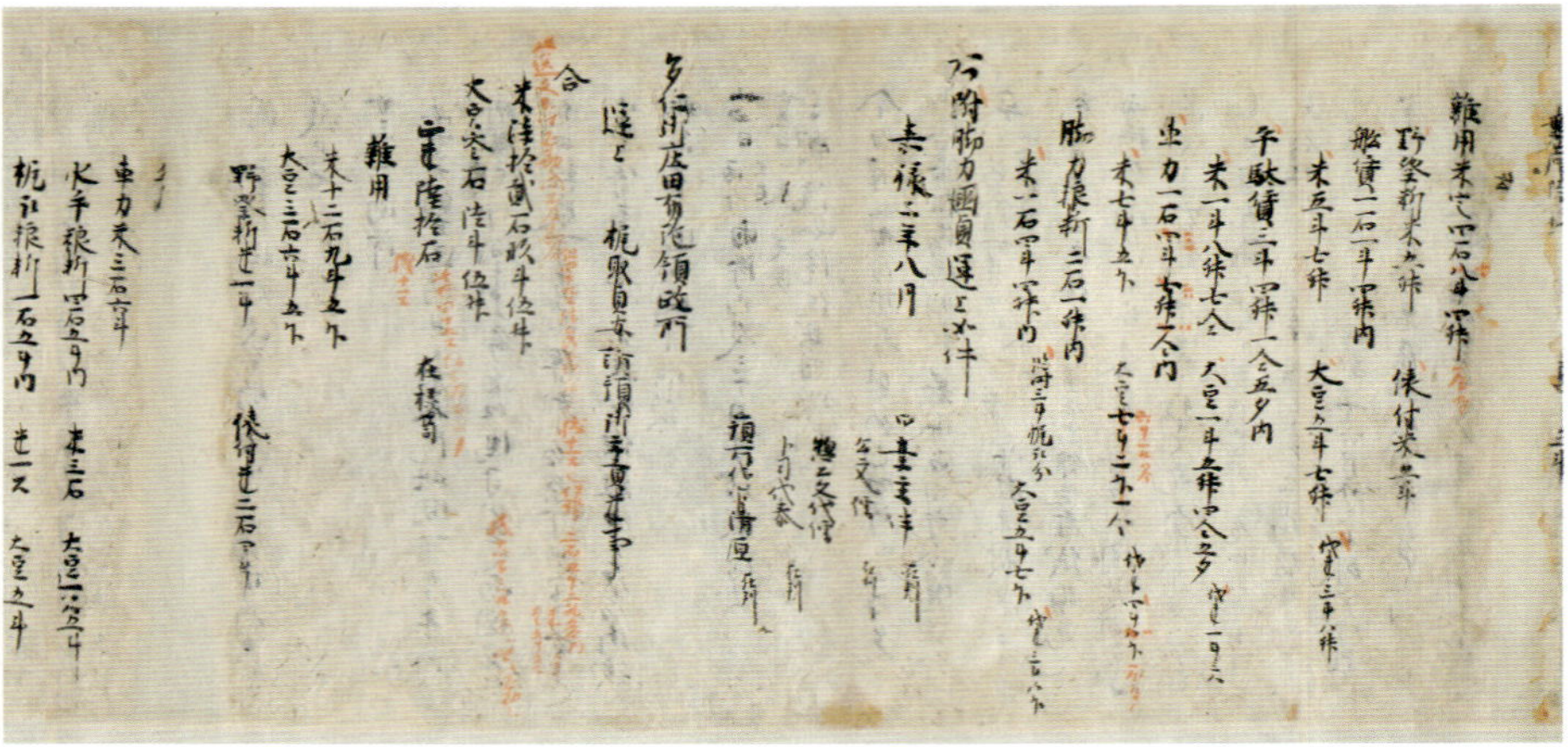

258 周防国多仁荘田布施領年貢送進状案（第1 ～ 2紙）

目次

大治五年秋冬巻……八二

図版

凡　例

一、図書寮叢刊は書陵部蔵書群の内、歴史・国文その他の資料的価値の高いものを逐次翻刻出版するものである。
一、本書の題字は、慶長勅版『日本書紀』および『職原抄』より集字した。
一、本書は『九条家本紙背文書集　中右記』として、鎌倉期書写の九条家本「中右記」（函号九―一〇五九）の内、紙背文書を収めた。
一、文書は「中右記」本文の年次順に配列し、冊子本については原則として一紙を一文書として、接続する可能性があるものは注記した。
一、欠損状況などの参考とするため、改行位置を「で示した。
一、巻子本の紙背数紙にわたる文書については、」で紙継ぎ箇所を示し、欄外に紙数を(1)(2)のように表記した。また折紙の折り返し位置も」で示した。
一、花押のあるものはその位置に（花押）と記し、花押と署名は、直後に該当の写真を掲示した。
一、字体は特殊なものを除き、常用漢字を用いた。
一、翻刻に際し、次のような記号を用いた。
(イ)塗抹文字で判読できるものは、その文字の左側に見せ消し記号〻を付け、訂正された文字は右側に記した。
判読できない場合はその字数を推定して■で示し、字数推定困難の場合は■■で示した。

(ロ)文字の摩滅、本紙の欠損などにより判読困難な場合には、その字数を□で示し、字数推定困難な場合は［　　］または［　　　　］で示した。また欠損が天地に及ぶ場合は［　　］で示した。

(ハ)前欠や後欠の場合は、（前欠）（後欠）などの注記を入れた。

(ニ)本文中における推定判読文字は〔　〕で括った。

(ホ)朱筆は『　』で括った。

(ヘ)本文以外の文字は「　」で括り、（端裏書）などと注記した。

(ト)人名・地名などに関わる説明注は（　）で括った。

(チ)挿入符などを用いて位置の変更を指示した文字・文章は、挿入符9などを示して同様の位置に翻刻した。

一、脱文・欠葉、残存状況などに説明が必要な場合は、適宜〇印を付して注記した。

一、本文中に適宜句読点および並列点を付した。

九条家本紙背文書集　中右記

元永元年四季下巻

○七月一日至八月八日裏（七紙）文書無シ

1【八月八日至廿九日裏】

官掌中原国用陳状案
阿波国名西河北荘預所職

(1)
右官掌中原国用陳申、

阿波国名西河北御庄預所職事、源氏非論子細状、

副進領家御証文案一巻四通、

康治二年本領主妙成寄進于内大臣（藤原頼長）家北政所（藤原幸子）状

天養元年在庁連暑〔署〕立券状

仁平四年徳大寺左大臣（藤原実能）家于時内大臣、寄進于院庁状

同年　院庁御下文鳥羽院、

預所注進証文案一巻七通、

康治元年本領主譲于大蔵権少輔致遠（伊岐）状

二

応保二年徳大寺左大臣家姫君御下文

同和字状

同年致遠〈法名観西〉、譲于男康（源）致状

文治二年一条宰相殿（藤原能保）御下文〈于時左馬頭兼讃岐守云々、文治二□〔年カ〕宰相殿未令任此官給如何、〉

建久三年康致譲于康重（源）状

嘉禄二年康重〈法名観蓮〉、譲于源氏状

源氏当領家による舎兄源致久預所補任を訴う

源氏訴状云、この御庄のをこりハ、先祖致遠本領主妙成か□□□えて、徳大寺入道（藤原実能）左大臣殿ニよせたてまつりて、領家五代・預□〔所カ〕」四代さうゐ（相違）なし、しかるを当領家の御時、舎兄右衛門尉致□〔久〕（源）」預所をあてたふ、父のてつき（手継）を不帯して、致久申た□」（〇

(2)

欠葉有ルカ）ひか事也云々、

康治二年妙成藤原頼長室幸子に寄進す

いまこの申状につきて、領家御文書と源氏注進状とひ□〔きカ〕」勘ところニ、領家最初第一の御証文ハ、康治二年本」領主妙成直ニ内大臣家北政所□□□寄進云々、〈内大臣と申□〔ハカ〕宇治左大臣（藤原頼長）」■■におハします北政所と申ハ徳大寺入道左大臣殿御長女也、〉源氏最初第一の□〔文カ〕書ハ、康治元年本領主妙□〔成〕」譲云々、これにつきてこれヲあんす

康治元年妙成伊岐致遠に譲るも荘号定まらず

るに、康治元年ニ致□〔遠カ〕」妙成か譲をえたりといへとん、庄号かなひか□〔たカ〕きにより、」かの譲をあらためて、内大臣家北政所《殿御室家》の御領によせたて」まつりて、庄号をとけたりとミへ《え》たり、しかれハ元□〔年カ〕」ゆつりハ先判也、二年の寄進ハ後判也、先判を□□《破》」

康治二年藤原幸子へ寄進し荘号を遂ぐ

後判たる康治二年寄進状は先判たる康治元年譲状に優越す

後判さたまれる習也、元年の譲《ゆつり》証文にそなへへ《う》□」是二、天養元年康治三年也、領家より

天養元年致遠領家の牓示使を勤む

牓示をうたる、時、致遠」御使たり、致遠もし妙成かゆつりをえたらは《ハ》この」其子細証文ニ見へき所ニ只牓示使はかり也さらに領□」のよしみえす、是二、

源氏第二の証文ニしるし申、徳大寺入道左大臣殿」姫君の応保二年の御下文、この姫君ハ内大臣殿北政所《御室家ニハ》ニおハしまさす、その御をと、一〔藤原能保〕也条入道殿御母議〔儀〕、」ニ下文云、

致遠藤原実能に寄進し預所職子孫相伝すと申す

右預所出羽入道観西俗名致遠、致遠法名申状云、件庄ハ妙成かゆつりヲえて」入道左大臣殿ニよせたてまつる、預所のしきハ子孫さう〔相伝〕」てんすへきよし被仰下了云々、同和字状云申云、致康遠《致》か下□〔文カ〕」なしてつかハす、かくややあるへき《て》、又なしくすへき□」なんとやあるへき又なしくすへき」あると云々、子細委かの状ニミえたり、この御下文

幸子早世により父実能伝領す(3)

おほき□」不審状也、御庄初建立の領家は内大臣殿北政所《御室家》□」しかるヲ、御親父入道

致遠二代本券を進覧せず

応保二年預所方実能女下文を掠め取る

領家六代

実能鳥羽上皇に寄進す

左大臣殿よりもさきにうせ」おハしますによりて、此《此》御庄入道左大臣殿御伝領□」致遠もし領主として預所のしきをたまはてハそ《たまはるならハ□の二□》■」さうてんすへきよしかの内大臣殿北政所幷入道左大■■〔臣　殿カ〕」の御下文にその子細のせられてたまハりたらん状を□」へして、うたへ申へ□也、しかるを《に》件二代の□□」最用本券たるへきをは進覧せすして、年月は□」へたゝりて、応保二年にをとゝの姫君領家■■《ニテ、》女□」の御身、文書にくらくおハし□す御時《■》、ほしきまゝ□」かすめ申状也、かくのことき文は、かえりてそのとかあ□」法令の文顕然者也、かつハ御遺迹あるへし内大臣□」北政所幷入道左大臣殿御時、御下文仰せる子細■■」只預所ニ補したふよしハかり也仍《これによりて》証文ニそなへか□」あひた《たりて、》■《応》保二年の《に》かすめ申状ハかりを、進覧せし」むとミへたり、是三、領家五代とするし申、たゝし」六代也、所謂内大臣殿北政所《御室家》・徳大寺入道左大臣殿・嘉□」院殿入道左大臣殿姫君・姫君■■《一条入道殿御母議、〔儀〕》《御室家の》・一条入道殿・同宰相殿・当領家已上六代□」おハします、此御庄内大臣殿北政所御領にて、たんぬへ□」といへとん、猶向後の御ために、入道左大臣殿御沙□〔汰〕」して、院庁《鳥羽院、》によせたてまつらる、その時の御寄□〔文カ〕」幷庁御下文にも、本領

預所職致遠子孫相伝と申す

領家子孫相伝を知らず

源康重去々年九月卒去す

公事は康重後家の沙汰とす

康重子のうち公事を勤むる者を預所職に補任すべし

康重後家公事を懈怠す

当荘役は七箇月年貢相折にて究済す

去七月大洪水の後合期せず

(4)

主妙成かゆつりヲえて■□□」寄たてまつるよしのせられたり、子細かの御寄文□」御下文ニミえたり《ミえたり、》是四、致遠御庄建立の時牓示の御■」■あひたその■別□」子細なしといへとん、預所の□」よのならひ也、そのゝち子孫あひつきて、をなし□」つかふニよりて、をの〳〵あつかり所の□たし□《に》□」■也しかれハ一条の宰相殿御時、御下文」しるし申状にも、只預所ニなしたふとハかり歟、」別のしさいなし、わたくしの譲状■《とて》しるし□〔申カ〕状□」ほしきにまかせてかきのせん事、領家しろ□〔しカ〕」めさす、いまかならすしも譲文ニそなへかたし、是五、」致遠判子細なしといへとん子孫あひつきてほ■」■■■て致久にあてた《預所職進□子細者父》■康□□〔重カ〕」法師《致久源氏女父》去々年九月卒去のゝち、一品の妙□□□」はなく、後家《源氏母、□□継母、》さたとして、御公事けたいな□〔くカ〕」つとむへし、康重子の中に御公事つとめ□」へからん物ニ、預所ハあてたふへしとて、御下文■い□〔かカ〕」にも下たハす、しかるあひた去々年の□の□」いつしか後家御公事けたいし候といへとん、」康重一心のあひたハなためおほしめすところニ、□〔当カ〕」御庄役は■やうハ見米・大豆の御年貢にて年」十一・十二、次年の正・二・三・六・七月、あハせて七个月の御相折ニ弁■■《にあてを□》」しかるヲ、去年去七月大

年貢相折叶わず

十月三十日源致久を預所に補任し十一月一日より年貢を進済せしむ

源氏名々を人人に分ち別納として年貢を相折す

別納四箇所

惣追捕使名は康重知行するも播磨局年貢以下を沙汰す

洪水のゝち、御庄合９《期》せすと申□〔候カ〕」かきりある月宛の御相折、かなうへからす《ぬ》よし申□」よりて、十月卅日、致久を《に》■■て■■預所の御□□」下給て、十一月一日よりの御相折つとめさ《させたる、》■」■あひた去年所当合夕をさめとらすといへ□〔とんカ〕」けたいなく《せうして、９そのつとめをいたす、》■■■《■■■》てつとめまいらすこれ奉□の□」也、しかるをいま源氏証文ありと申て領家の御□□」事のよし申てう、そのいひなし、せん□□」領家の御証文と源氏か文書とひきあはせられ□」ところニ、理非顕然■ならむ物か、是六、

(5) ■源氏かまへ《構》申条々の訴状おほしといへとん□」《構》とりて陳申て御庄内名々別納ニ人々にわかち□」て、９《その》あとの年貢預所ニかけて、御相折ニきらるゝた□」かたきよし申、所《その》謂別納四个所、地頭名・惣追捕使□〔名カ〕・清成乙則名・公文名、惣追捕使名の子細ハ、当御庄預所康重知行す□〔とカ〕」いへとん、うゐのさたとて播磨局御年貢以下□」物、そのさ□□〔たヲカ〕いたす、しかるヲ《を》建保四年□□」のゝち、康重申云、うゐのさたを預所ニつ□」そのハかりには、惣追捕使名をたてかへ候ハん□□」そんま□〔うカ〕のとしをか□〔損亡〕す七个月の御相□〔折カ〕」けたいす□□□〔へからカ〕すと申請ニよりて播

年貢相折から除かれ数年を経る

清成乙則名主親綱贄殿奉行につき年貢を預所と和与す

公文名は別納にあらず

地頭職は領家に付けられ領家名主を補任す

地頭名主頼行別納に給う

地頭名は別納を止め預所沙汰たるべしと源氏母に命ず (6)

名主公事を勤む

磨□〔局カ〕」さたを、彼名ニたてかへられて、件名の年貢は御□〔相カ〕」折の足にのそ〔そ〕きてのち、すてに数年をへを□□〔八んカ〕」ぬ、いまさらにうたへ申にをよハす、清成乙則」名主親綱贄殿事奉行之□件名の年貢」預所と申合て和与■〔云々、〕いま又うたへ申す□〔にカ〕」をよハす、9

公文名ハ別納ニあらす、いま別納のよしを申□」勿論のひか事也、地頭名本下司名也、号光行名、件名は」当御庄地頭職　二位殿〔北条政子〕御時、領家ニつけ□〔まカ〕い□□〔らせカ〕」るゝよし、御下知の状、領家まいりてのち領□〔家カ〕」〔まいらしさたしおへ候、まして〕の御さたにて名主を補せらる、しかるを□」名主頼行別納ニ■〔た〕まハりて、御年貢けいい〔た〕□□〔あるカ〕」ましきよし申ニよりて、そのよし御使」くたされ候しほとに、彼名主この職ノ〔を〕した□」間、他人ニおほせつけらるゝきさミ、もとのこと□〔くカ〕」別納のきをとゝめて、預所のさたゝるへきよし、たひ□□〔〳〵カ〕」源氏母ニおほせたふといへとん、しゝ申に〔に〕よりて、当時」名主に□しかけて御相折以下色々の御公事」つとめさせらるゝ物也、別納のあとの年貢、預所□」かけらるゝ事、きわめたるひか事也、去年」御年貢にて、同9〔年〕十一月よりつとめハしむへき御相□〔折カ〕」かなう□きよし申によりて十月卅□〔日カ〕」致久預所ニ補□□□〔任したカ〕るにいたるまゝ、預

元永元年四季下巻　七

八

□《内別納名》■■
所の■■」御相折公事□《けたカ》いなくつとん、又去々□」御年貢□別納名の
分ハ去年十《七》月まて□《にいたる□》」□宛■《ヲ》けたいなくつとめかたき□」預所分こ
そけたいは候しか、又別納」名々につきたる預所の得分巨多也、そのと□《くカ》」ふんをは、
領家の御年貢にかすへくして、□」御相折ニきりかく《あつ、名々の〔に〕つきたる》その預所のとくふんをは、」惣
の御庄の御年貢の内を合夕のこらすかすへと□」かくたてかふる事ハ、（名主と預所と）わたくし
の■■《和与》也、しか□《るカ》」を、別納ハをほく《おほく》、預所のさたのふ□《んカ》ハ、いく《すくな□》」はくならぬよ
しを■■■《□□□かためて》わたく□《しカ》」とくふんを■■■和与して、御年貢ニきり□」くしたるた
け、《を》いましるして、■■《て》別納分巨□《多カ》」（なるあとを、預所ニかけてせめすよし、□□□くり申てう）預所分すくなしと申す、おほきなるほうけい《謀計》□」
麦の収納也■《間公》私得分見米・大豆の（沙汰の）ことし、」仍委ちんし申すにをよはす、又永富の
え□」二个度の検注■《の目六に》入て、御年貢まいるへきに□」候を、康《重》法師か本妻さぬき
の局ハめし」つかハる、物にて、別の御□にあてたふ物也、」かのさぬきの局うせて
のちも、康重存生の」ほとは、□てをかれて候き、康重うせてのち■」□□□《さうてカ》んす
へきならぬうゑに、御要かふ〳〵」□るに、□□しかへされたり、いま預所」得分

別納名々の預所得分は巨多なり

預所得分による惣荘年貢立替は名主預所私和与なり

預所別納分責め召すは謀計なり

永富名二度の検注目録に入る

(7)

預所得分たるは僻事なり

隆覚書状

上総国糸久村不作により増田す

上総国土宇郷増田せず

正月五日御教書同月二十四日到来す

上総国市東市西両郡検注を命ぜらる

両郡千葉常秀請所なり

任一度の国検を命ぜらる

常秀請所を辞退す

常秀子秀胤カに催促を加う

のよし申、ひか事也、事の」子細おほしと□□(いへカ)とん、せん(詮)をとりて」粗ち□(んカ)し申候、

(1)

2【八月廿九日至九月廿二日裏】

(袖書)土宇(上総国)・糸久(上総国)事承候了、」糸久ハあさましく不乍(作)して」候よし、みる人ことに令申候しか、」取出候て、増田候也、土宇ハ」不増田候、いさゝか減候歟、但」□」罷成候歟、あまりの事を眼代」□(上段)申候けるやうハ、」銭卅くわん(貫)ニ可請之由、」申候けるあひた、」□腹立して、」□田ハ成して、」□□へき」の□」事とそ」承候、(行間)十貫計も三郷司ハとり候ハしと沙汰し候也、

正月五日御教書、同月廿四日到来、被仰□(下カ)」候条々、畏承候了、

一、市東西両郡(上総国)郷検注事、被仰下候之旨、殊恐存」候、但去年以蔵人殿便、次第証文下給候中□」市東西常秀(千葉)請所也、除地頭各別所、雖為請所、」任一度可遂行国検之由、被仰下候上、一定辞申」請所者検注をも可遂行、且ハ常秀之許へ被仰下」御教書案、為存知遣之云々、如此被仰下候上ハ、設」請所にて候とも可遂検注、況已辞退申了、自眼代」之許も検注可忩之由、加催促新介(千葉秀胤カ)、又任田数」落居、可弁済所当云々、旁不可

（2）海成岡成実に過法なり

（3）検注あれども度別段米候わず

留国用途皆引失い残田僅かなり

見在に任せて沙汰すべしと仰さば常秀等悦存ずべし

有検注之旨ハ、一切】不存候、海成・岡成之条実過法候了、雖然自余」郡郷も併岡成不乍〔作〕候へとも、一国検注云、別納申」庁分被遂行之様ともにて候へハ、次第ニ致沙汰候中□〔三〕」市東西検注不遂行候ハ、、一国のふたにて候へハ、」於事致妨事も候ハ、、中々検注煩出来、於事」不仕之義、一定事候上ニ、直又何事御阿党候、」被遂諸郡郷を候ニ、我郡計を被打置■■《候条、》」不可然候なと、腹立仕候歟之由、内々存候き、」今仰実恐存候、今一度可申案内候けると」いふ事ハ、其上ニ惣天事をつくりて、自今度」検注、市東西をハ如無候御沙汰成之様、■《存》□」□　□〔目カ〕代頬□□□□」を弁歟之由、訴申歟之間、自国司条々むつ」かしきやうに被仰下候へハ、請所を辞申事」無異儀候ニとりて、被行検注之後、皆人給・引田・」水田等ニ引ふたき候て、度別段米も一合」も候まし、留国用途も皆足を失候て結構】《ハム事、》仕之様にて候之間、百千雖不被遂行検注」候、定留国用途をハ皆引失て、残田僅ニ」可有之様をそ可沙汰候、打任て尋常事」ゆめ〳〵候ましきやうにてこそ、申請検注」事にて候へ、あやまりて今度は国恩之由」を被思食候て、市東西検注して、任見在可」致沙汰之由、被仰下候ハ、、父子とも（千葉常秀・秀胤）ニ可悦存候」之処、如此被仰下被仰下《条々》候へハ、弥々恐入候歟、」設常秀いか

左右無く検注せしむるは御意に叶わず

に存し候とても、無左右令検注」候之条、不叶御意候事、返々無冥加覚候、凡」不可申尽候歟、居合なと申す事、今度ハ」一切不存候之由、度々令申候き、又引籠数町」候事は、不限市東西候、凡如此仰実恐存候、

目録を固むべからず

(4)

一、不可固目六〔録〕之由事、

検注終らば目録を固め段米切定む

諸郡郷検注了候ひぬれハ、固目六之後、度別」段米之足を切定、致沙汰事にて候之間、取終」候ひぬれハ、固目六嘖度別候、又段米をも」いくら計あるへしとも、致沙汰事にて候、前々の」様□□□□□□□」候ハヽ、一切段米も度別不弁候まし、

段米弁ぜざるように引田等に引塞ぐ

如此致」沙汰候たにも、今日まてハ、段米一切不弁候様に、」引田・水田ニひきふたき候て、其員数不落居」候之間、在庁等中ニ様々令申沙汰候也、今仰ニ□」可固目六と候へとも、

取田定は正月に固む

取田定ハ、其号若此正月」なとに固て候也、自是之後ニ而ハ、如此も」令存候はめ、古乍〔作〕取落所も候、又取まし」候所も出来候、

正検の法

正検之法にて候へハ、任実正致」沙汰候事、是百姓安堵義候、

不作損亡を捨て置くは一様なり

不作損亡所ヲ」打捨をかれ候事、実一様にてハ候へとも、

損亡所用途宛れば百姓逃亡し亡郷となる

此国」之様、見在損亡所ハ不弁所当、又雖切入」留国用途候へハ、皆逃亡仕候之間、亡郷罷成」候、

角は直りて牛は死ぬる風情

其条ハ皆被知食候歟と存候、つのハなをり」て牛ハしぬ

今は実正の沙汰悪しき事なり

るふせいにて候へハ、任実正致其」沙汰候事、今ハあしき事にて候ける、」とかく申
計候はて、後々にも被尋聞食」候ニ、前々検注ニ被打捨て候所々、近年」岡成多々出

(5) 今年も岡成多し

来候て、亡郷ニのミましり□□て」候之間、今度も年々積候て岡成多々候、」如此

見在に任せ検注せば百姓帰住し亡郷も立ち直るか

所々ハ打置て候とても、しそくも候ハぬ」沙汰之様にて候へハ、加正見、任見在令落
居」候ハヽ、百姓も帰住、亡郷も可立直候歟と、存」思給候之程ニ、今仰凡恐入候、
惣国の検注」なとを如此致立て、委細被仰下候ハ、実不及」□□□□□□思食候次

地頭振舞進退極まりなし

第、地頭之振舞」過日比候了、進退無極候、別納郷々も、」今可被聞食候歟、周東郷(上総国)

上総国周東郷を除き何所も不作岡成過法なり

なとはなち候てハ、」何所も不乍(作)・岡成過法に候ところ承及候へ、」満作之条、極僻事に

堀内の古新明白は尋ね難し

候〳〵、毎度検注ニ□□」堀内を被立候事を、今度ハ一切不立候計に候、」其又堀内事、
古新明白難尋沙汰候(覚)候也、」且ハ刑部郡(上総国)本目代新給六丁余立候も、」可顚倒之由、度々

上総国刑部郡本目代新給の顚倒を命ずるも承引せず

雖令申候、一切不承引事候、」まして自余所々、不及尋沙汰候上ニ、」何新堀内といふ
事、つや〳〵あきらめ申■■(□□)」候、如此候所々にて、いかにも〳〵難叶候、」

(6) 上総国与宇呂金田両保検注居合加利田は叶わず地頭内検に不作注出す

一、与宇呂(上総国)・金田(上総国)検注事、以此旨可申沙汰候、若ハ」居合、若ハ加利田候ハんすること、
如当時者不可叶」候、自今可令検注とも不存候也、地頭内検ニ」不乍(作)九十余丁を注出

検注使入部につき百姓等の申す旨を承る

隆覚庁宣を所望す

上総国国光新作年来不作多し

雑色友重給分は有名無実なり

秋までに見作五丁余出来か

今度の仰せ存外なり

上総国山辺南郷目録を固めず

重季一部の検注を命ぜらる

重季直に引出物沙汰すべしと命ぜらる

候なれハ、さる所へハ」いかてか可入部候、内々承及候ニ、入検注使」とも、二个度こらへ、大事なれハ不可出会之由、」百姓等申旨承候、金田以同前、いかさまにて」も付御庁宣可承候也、

一、国光〔上総国〕新作事、被仰下之候旨恐存候、年来」不乍〔作〕巨多、見乍〔作〕ハ只四段なとつくりたる年々、」度々事に候歟、而去年四五丁見乍〔作〕候へとも、」才〔損〕田多々候之□□□ともに令申候ニ、雑色友重」も取不取、只有名無実候歟、今度検注より見」在二丁九反、才〔損〕田一丁二反小歟候ハ、此自秋起立」候て、五丁余見乍〔作〕出来候歟、然者友重給分」ハあまりさへ候ハんするそと令存候て、是計ハ」よろつにかハりて候とこそ覚■〔候〕程に、今度」

(7)如此仰、凡存外存〔候、〕候〔マヽ〕十丁六十歩所当、」近年ハ一切無弁済とこそ承及候へ、凡此」一事不相叶御意候へハ、吉計も無詮罷成」候之条、実不及力事候歟、

一、山辺南郷〔上総国〕ハ、当時取田卅八丁四反計」取出候内神田十六丁九反、候歟、猶此仰上ハ恐存」候へハ、不固目六候、其上重季別ニ承検注」所もか、え候ハ、随分ニ致芳心候へハ、山辺を」且ハ強々所にても候、知子細人なれハ、可致沙汰」之由申付候了、其之由令言上候之処、引出物までも」直可致沙汰之様ニ、重季之許へ被仰下候へハ、」於今者併失面

段米引出物虚用せざる旨誓約す

海道不穏により引出物を送進せず
(8)

少々の私用を虚用と思食すは無益なり

上総国武射南郷に検注のため入部す

目候了、今度承御検注」候けるハ、乍令知国之様、御不覚之旨、」為御披露にて候けると令存候、段米幷」郷々引出物等一物も不可虚用仕之由、」蔵人殿使ニ加誓言、以愚札令申候了、」去年月迫ニ、如此引出物一物も不進候」之間、併蒙御不審候□〔とカ〕覚、尫弱の」以下人、物一も□〔進〕候ハんほとに、海道以外狼藉」無極候なれ□〔ハ〕と令存候之間、不進候、其上去年」世間病悩不残一人候き、脚力ニ二个度令進候」し者も旅人にて、参着も不定ニ覚候しかハ、」付其も不進候き、只構不当、為物虚用、以天」御知見候へ、令進候はしと思事候はさる」に候、慥下人依不候、如此蒙御不審候、尤」其恐候歟、郷々引出物事、以注文可言上候、」承思儲て候しニハ、すこしも不似事候也、」物之多々候はん時、少々私用候〔仕〕候はんハ、」上にも御免も候なん、是程最少分事を」みぬかはしみて候やうに、虚用かちに」仕候て、狂惑不善者そと被思食候事、」無益次第候、未自昔如然事是計ハ」不存候、其上始承沙汰仕候ニ争さる、」いふにかひなき事候〔ハ〕候間、只可有御送進」候歟、而今御教書趣、凡恐入り候了、凡」承如此沙汰候よりこそ、旁蒙御不審候へ」と歎存候、次第難尽候〱、

一、武射南郷〔上総国〕事、争可押入部候哉、只検注」仕にて候へハ、さやうにや可候と申にて

こそ」候へ、此仰上ハ不及子細候歟、

(9) 引出物軽物馬の送進を承る

一、検注引出物・軽物、又同馬ヲハ付蔵人殿」上洛便、足固候はん二疋計、可令進之由承候了、」此仰以前ニ、付蔵人殿便栗毛・槻毛、二疋令進候き、」又其後馬四疋代ニ銭漆貫伍百文、」二月内ニ参候ハんすらん、送文ニ書進候」き、此後も馬銭ハ近々可進候、凡不知」前々処、今度御検注馬最下品候、仍」雖返遣候、一切不用候、前々も是ニすきたる」御馬、不引進といふ起請文、書所々候、」郷々馬注文之時、分明経御覧候歟、

送文を送進の後馬銭を進上す
今度の馬最下品につき用いず

但」□□□□□時□一国検注事承候、」其分ニたゝ候ハんも、非人のやうに候□」□□れは、すこし尋常ニ候はん馬をも」一疋引ハやと存候も、つやけに〱しき」いてこそ候へハ、蔵人殿渡御之時、」経御覧候し馬一疋候をそ、」引ハやと存候ニ、申合候し（て候し、）」其後自子息等中、又将軍（藤原頼経）の二所」へ御参詣の御ともにさゝれて候ニ」と申候之間、不顧後毒、又一疋」引□□□□□れ□ハやう〱」可弁入候、罷上にも馬なと候はて、」かり候てたひ候者ハ、いく□□〔らもカ〕候へ□〔き、カ〕」めをひさき心をうしなひて、」極非人のやうに被思て候也、替を」沙汰入候も、大事申計候ハねハと存」候つる、京上之時、足固候ハん馬一二疋」たはい候て、上洛したく候へとも、」■此公用大事に候へハ、

(10) 蔵人殿御覧の馬一疋引かんと申合す
隆覚子息等将軍二所詣の供奉を命ぜらる
罷り上る馬なし

重季上洛の便に付して雑物少々送進す

あハひ□□る」もの候ハヽ、成銭こそ令進たく候へヽ」自□比□□□〔参候者カ〕□□□も候ハす、当時又」公用を兼日ニ、令勤仕たる事も不候、」争如此自国出来雑物、虚用」仕事候乎、重季上洛便ニ少々令」進候、員数別紙候、少々去年夏まて」にて候之間、先私用事候、忩々可入立」候也、此仰以前ニ、以蔵人殿便、一物」不可虚用之由、及誓状候き、以其可有」御高察候歟、

末利名段米の送進を承る

段米弁済につき在庁等に相触れる

段米等を食事にあてがう

(11)

一、段米事、於此御使沙汰、未〔末カ〕利名上下」□ニ可運送之由承候了、いくらはかり候へ」かしとも、如当時之不覚候へハ、此御使□」相具代官等、郷々令入部て、所々ニこ」たえ候はん様にも相存候て、□□沙汰」候、其上俄外水田・引田等引ふたき」て、段米弁済せしと仕ことのみ候へハヽ」如然事ハ在庁等ニ相触候て、以此御使」可申沙汰候、少々当時居所知も不候」之間、此段米なとを併食事あてかひ」て候也、度別なともせめいて候ニし」たかひ候て、郷々思さまに、度別」なと令済事□同不候、あさましき」次第にて候也、其も段米を引こして候ハヽ、」度別を噴取候ても可償入候、手ニ」かゝりたる事にて候へハ、如此入ちかへ」なとし候を極恐候歟、始終ハ□□」も可致沙汰候、此申状当時事や」すめニ申歟、猶虚用あらんすらん□」定被思食候歟、神罰・冥罰を」

安目事申すに非ず

愚身可罷蒙候事、やすめ事」非申候、雖有遅速、不同始終、不」入立事、ゆめ〳〵候へからす候〳〵、

惣勘文の提出を承る
惣勘文は目代が造進す

(12) 一、惣勘文二月中令造進て、可上洛」之由承候了、但当時眼代可令造進之」様承候也、其故、先例皆目代こそ」令造進候へ□〔ハ、カ〕随使□文書□□〔造進カ〕ニ□」不相交事候へと、田所令申候、此条不□」心候、目代も検注郷々少々候へハ」こそ、やかて眼代職にて令造進候ける、」当時ハ目代検注一所も不承候之処、」文書計を可造進とハ不覚候、其上ニ」国分水田ハ四五十丁候ニ、可准八幡」水田之由、成下文たるよし承候へハ、」前々国分水田、段米ヲ成候け□□〔るに、カ〕」今度ハ不可弁之様ニ罷成候歟、是新」儀候、眼代身にてハ、段米先例成来」所ニ、准八幡水田て、不可成段米と云」下文を、国分寺聖人楽西と申」僧ニ、成給之条存外候、又刑部」地頭新給六丁、□□の地頭ニ一丁、」又近日おくうと、申候ハ、山人に候歟、」給田一丁・畠一丁、此十余年、令顚倒」て候ける給田を、

八幡水田に准じて国分水田に段米を懸けざるは新儀なり
国分水田に段米を懸けざる旨国分寺聖人楽西に下文を与う
刑部地頭新給等惣勘文造進の間新儀なり

(13) 新立之由承及候、」惣天文書造進之間、其外事□□〔猶々カ〕」新儀始候へきよし、内々或人付□」候、其故者、始て目代をせし□□」はしおもハれて候や□□□〔うとて、カ〕」如此国事散々沙汰しちらし」て、上洛せんとせらる、とおほえ候」といふ事、国中にも申あひて

隆覚惣勘文造進につき庁宣を所望す

候也、」文書造進事、御計候て可被成」御庁宣候歟、京上国舎人など□□」一人□忩々
此事ニ可被下候、
一、御雑色国□□□〈□□□／祇薗社〉、検注事ハ、」下向以前ニ遂検注候了、度別段米・引出」物など
を押候也、以此旨可申沙汰候、」

阿波御荘の事を悦存ず

(14)一、阿波御庄事、さやうに御披露候ぬ、」悦存候、其も此内検故ニいかゝな□」被仰下
之様とも、皆令察候へハ、とて」もかくても候なん、所詮御庄事ハ、偏」上候事にて
こそ候へ、不及申候、
条々委細申状其恐候、不少存候、可」然之様可有御披露候歟、恐々謹言、

正月晦日　　隆覚上

源頼朝御教書案

土屋義清の上総国武射北郷地頭請所を安堵す

3【九月廿二日至廿三日裏】

上総国武射北郷事、為請所、」准布陸佰段、毎年無懈怠弁□〔済カ〕」京庫、預返抄畢、其儀何
可有」変改哉、就中当郷近年為荒」廃之地、見作僅捌町余云々、空□〔閑カ〕」無足之弁、争改
請所之号□〔哉カ〕」如元無相違、可令沙汰者、依鎌□〔倉カ〕」殿〔源頼朝〕仰、執達如件、

□□〔八月ヵ〕廿□〔一ヵ〕日　　民部□〔丞ヵ〕在判

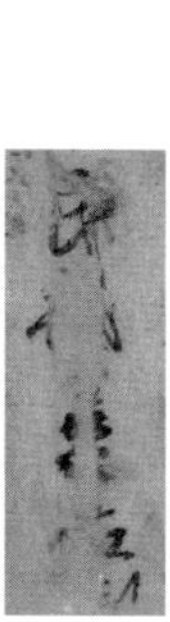

土屋兵衛尉（義清）殿

源実朝御教書案
上総国武射北郷を安達景盛の地頭請所とす

4 【九月廿四日至廿六日裏】

上総国武射北郷事、自故大将□〔家ヵ〕（源頼朝）」御時、前地頭義清（土屋）為請所、弁」済准布陸佰端於京庫、経□〔年ヵ〕」序了、云荒野開発事、云□〔地ヵ〕」頭堀内事、被定仰了、而景□〔盛ヵ〕（安達）」給其跡、更不可有相違者、□〔依〕」（源実朝）鎌倉殿仰、執達如件、

建保四年八月廿六日　　図書允清原（清定）

謹上　藤九郎右衛門尉殿（安達景盛）

〇九月廿七日至十月二日裏（三紙）文書無シ

よりかた陳状
散所雑色友重小童乙丸を取籠む

5 【十月二日至廿五日裏】

よりかた申候、(1)
さんその（散所）雑色友重かむたうの（無道）ちん状（陳）」をまいらせ候て、こわら（小童）ハ乙丸をとりこめ□〔候、ヵ〕」

よりかた承久三年九月より乙丸父八郎丸を召使うよりかた父入道貞応元年牛飼童を勘当す

ゆゝしきひか事にて候、主従の中のさ□《うカ》」ろん《相論》ハ、たかき・いやしきうけたまはり□《もカ》」
をよハぬことにて候、いまよりかたろん《論》人」まかりなり候て、かく申候、ミくるしき
ことに」て候へとも、しさい《子細》を申ひらき候はす□□《ハ、カ》」事を申いれ□□かとおほしめさ
れ□《候カ》」こと、をそれも候あひた、事なかく候へとも」申上候、友重かちんし申候むね、
一々□□《いわカ》」れなく候、おほかたハ、人の所従とな□《りカ》」ぬれハ、しう《主》のいとまたひ《給》候ハぬ
ニ、たや□□《すくカ》」まかりいつることなきならひにて候、申候□」や、うしかひ《牛飼》・さうしき《雑色》
ていの物ハ、さた□《にカ》」をよハぬことにて候、乙丸かちゝ《父》八郎丸を、」承久三年九月より、
(2) よりかためしつかひ候、」つきのとしニ、ちゝ《父》の入道めしつかひ候し、」うしかいわら《牛飼童》
ハを、かんたう《勘当》つかうまつり□《たカ》」ること候しをりふし、八郎丸申候やう、り□」□□
にて入道のかたニ、ミやつかへつかうまつ□《りカ》」□□《丸カ》を□」□
丸いま□《たカ》」いとけなきほと也、たうしのようニかな□《ひカ》」かたしと申候し時、八郎丸申候
やう、をと□《乙丸》」七歳になり候へとも、たうしよりとりかハ□《しカ》」候て、めしつかハれ候
はむニ、ゆくすゑよ□《きカ》」やりてにて候ぬへし、たうしの御よう□《に、カ》」八郎丸もひまニハま
いり、さならぬ代官□《をカ》」もまいらすへきよし、しきりに申候し、□《まカ》」たさら也と申候て、

入道八郎丸を召使う

去年八郎丸没す

よりかた九年間乙丸を召使う

友重乙丸父を名乗り乙丸を拘引す

友重乙丸に散所の跡を継がさんとす

(3)

散所は恩なく召使わるるが通例なり

八郎丸をハ入道めし□《つカ》」かひて、てんやくれう《典薬寮》両ニ牛のかいた《給》ひて□《候、カ》」乙丸をハ、よりかたすいふんニいとをしくつ□《かカ》」まつり候て、めしつかひてまかりすき□□□」ほとに、去年八郎丸うせ候てのちハ、いよ〳〵」ふひんニおもひ候うゐ、この四五年ハくる□」もさるやうニやり候あひた、ひまなく□□《めしカ》」つかひてまかりすき候、としころより、いま□《にカ》」九年かあひた、めしつかひ候つるに、八郎丸」ほかにちゝハ《父母》、ありと申事、つや〳〵しら□《すカ》」して、まかりすき候つるニ、すき候にしころ、□《にカ》」わかに、友重ちゝ《父》、となのり候て、ひたう《非道》ニひ□《きカ》」こめ候事、申ハかりなきひか事にて候、友重」さんそ《散所》のあとを、つかすへきにて候ハ、、友重□」ちかきほとニ、一丁かうちにゐ候て、あさゆ□」□とりを□」□」□とたくみ□」候けること、おゝきなるひかことにて候、一□《年カ》」二年ニ候ハす、九年まてやしなひそたて□」めしつかひきたり候事を、にわかにもとの」をや《親》とてしんたい《進退》すへきゆゑ、ひとつも候ハ□《す、カ》」又さんそ《散所》人の御をん《恩》なくて、めしつかハる□」事ハ、みなのならひにて候、友重ニかき□《りカ》」候て、それを奉公ニたつへきことに候ハす、」又かやうのよこさまのさたを、のかれ候ハ□《んカ》」とてと申候事、ふたう《不当》ニ候、よこさまと□□《申候カ》」ことハ、日こ

友重散所の号を借り無道を企む
八郎丸跡は没後入道召使う童に給う

(4)

ろめしもつかハす友重か、やしな□《ひヵ》」て候はむこわらハ《小童》を、にわかにとりて、ゆゑ□《なヵ》」くめしつかはむと申候ハ、こそハ、よこ□□《さまヵ》」にて候ハめ、ちゝ《父》のわらハ《童》のて《手》よりえ《得》候て、い□《とヵ》」けなきほとよりそたて、人たてゝ候は□□《むヵ》」を、よこさまと申候こそ、ふたう《不当》ニ候へかや、」さんそ《散所》のかう《号》をかり候て、むたう《無道》をたく□《みヵ》」候はんニハ、いかてかたやすく人をハめしつ□□《かふヵ》」へき、又八郎丸かあとをたハ《給》すと申候事、八郎」丸ハ入道かかたより典薬れう《寮》ニかいをた□」て候しかとも、八郎丸うせ候てのちハ、又入道」かめしつかふわらハ《童》にたひ《給》て、めしつかひ候、」かたく〵の事ちからなく候、よりかたかかた□《にヵ》」たひたることを、ひきちかへ候はむにて□」□て□」□候はすと候、」後院のめしつかいニなり、神人になり候ハん□《とヵ》」申候ほとの事にて、御きやうさく《還迹》ハ候へし、」かやうのことハをさへて、ハしめよりめしと□《るヵ》」へく候しかとも、　君の御為のすゑニを□《そヵ》」れをなして、しさい《子細》を申いれ候ニ、かつ□」のり候て、かやうニミたれかハしき事とも」申候、いかてか御いましめなくてハ候へ□《きゝヵ》」このよしをよく御こゝろえて、御ひろ《披露》□《うヵ》」あるへく候、あなかしこく〵、

○十月廿五日至十二月廿九日裏（二十紙）文書無シ

大治四年夏秋下巻

某請文
法勝寺御八講

6【七月十二日至十四日裏】

法勝寺(山城国)御八講初後」行□□□□〔香不足幷カ〕御」布施取役事、可令」参勤候之処、自去月」咳病所労
更発之間、」当時不及出仕蝶臥候」也、可然之様、可得御意□」（後欠）

左中将某請文
陪膳結番

7【七月十四日至十五日裏】　○本文書袖添付ノ別紙紙片ニ残画有ルモ読メズ

陪膳事、守結番日々可」参仕之状、謹所請如件、

七月十三日　　左中将（花押）

左馬頭藤原信時請文
陪膳結番

8【七月十五日裏】

陪膳被結番之□〔条、カ〕」謹承候了、早守此日々」可令参仕候、恐々」謹言、

四月十七日　　左馬頭信時(藤原)

某書状

9【七月十五日裏】

七瀬御祓

今月分七瀬御祓事、」未仰下候、尤以不審候、先」日可為明日〔廿一日〕之由、令」（後欠）

中務権少輔藤原貞時カ請文

10【七月十五日裏】　○80号ヨリ続ク

（前欠）」不足、可令参仕之由、」謹承候了、但所労之間、」不及出仕候、可然之様、」可令
計披露給候、」恐々謹言、

七月廿一日　　中務権少輔□□〔貞時カ〕

兵部卿藤原経賢カ請文

11【七月十五日裏】

謹請、

陪膳結番

陪膳番事、

右、守件日々、可令参勤」之状、謹以所請如件、

三月十八日　　兵部卿藤〔藤原経賢カ〕（花押）

右兵衛権佐源定具カ請文

12【七月十五日裏】

七瀬御祓使

来十七日、七瀬御祓」使、可令勤仕候之処、」難去故障候、得□□〔此御カ〕」意可然之様、可令

披露給之」状如件、

七月十一日　　右兵衛権佐定□〔具カ〕

侍従某請文
法勝寺御八講

13【七月十五日裏】

法勝寺〔山城国〕御八講行香」不足并御布施取事、」難去故障候也、可然之」様、可令披露給之状
□〔如件、カ〕

七月四日　　侍従□

右近将曹惟宗景重請文
乞巧奠

14【七月十五日裏】

（前欠）」所被仰下候也、来七日」乞巧奠事、任例」可令申沙汰之由、」謹以奉候畢、景重〔惟宗〕」
恐惶謹言、

七月三日　　右近将曹惟宗景重

某書状追而書

15【七月十五日裏】

逐申、

□」（後欠）

某請文

16【七月十五日裏】

（前欠）」自六日殊可令祗候之由、畏」以承候訖、両月所労」事、殊以恐思給、当時□」未令得平喩（癒）候、然而」不顧善悪、可令祗候之」旨思給候、重恐惶謹言、

侍従某請文
七瀬御祓使

17【七月十五日裏】

来十七日七瀬御祓使」□□参□□□謹□」所請如件、

七月十一日　　侍従（花押）

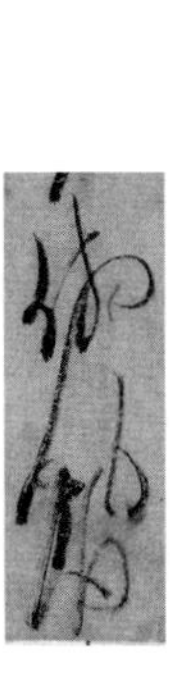

侍従某書状カ

18【七月十五日裏】

（前欠）

七月十一日　　侍従（花押）

藤原宗氏請文
最勝寺御八講

19【七月十五日裏】

今日最勝寺（山城国）御」八講結願、為御布」施取、可令参仕之」由、謹承候了、但難治」故障□

可然之様、」可令披露給候、恐々」謹言、

七月四日　　宗氏（藤原）

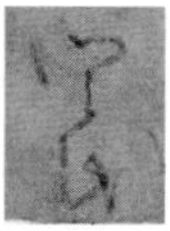

左中将某請文
陪膳結番

20【七月十五日裏】

今日陪膳可参勤之」状、所請如件、

三月十九日　　左中将（花押）

左少将源資俊カ請文

21【七月十五日裏】　○22号ヨリ続ク

（前欠）」当時所労無術候、随□□（扶得カ）」可参勤候、以此旨可然之様、」可令披露給候也、謹言、

三月廿五日　　左少将□□（資俊カ）

左少将源資俊カ請文
陪膳結番

22【七月十五日裏】　○21号ニ続ク

陪膳被結番候、当番」日々、四月一日・五月十三日・六月廿七日、守件日」可参勤之由、謹承候了、但」（後欠）

藤原資頼請文

23【七月十五日裏】　○42号ヨリ続ク

（前欠）」御意給、謹言、

三月廿二日　　　　資頼(藤原)

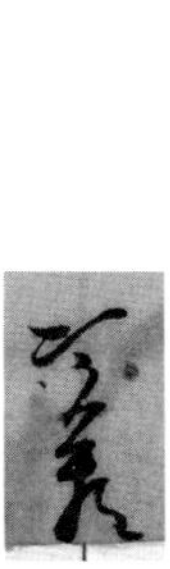

新蔵人殿(源康長カ)

源康長書状
陪膳結番

24【七月十五日裏】　○宿紙、26号ニ続ク

明後日十三日、陪膳」御当番候、承御参」刻限、可取具」御膳候、恐惶謹言、

七月十一日　　　　源康長

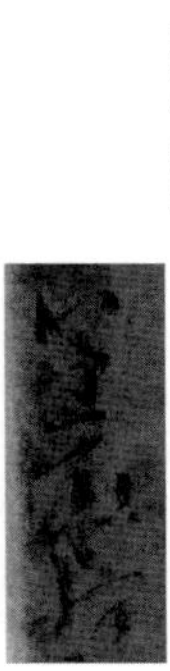

(後欠カ)

某請文
七瀬御祓使

25【七月十五日至十七日裏】

来十七日七瀬御祓」使、可令参勤之由、謹承」候了、但自去月中旬瘧」病被取竜〔籠〕候、当時前」後不覚、不能出仕候、以」此旨可然之様、可令披露給」□□〔如件カ〕

(後欠)

源康長書状

26【七月十七日裏】　○宿紙、24号ヨリ続ク

(前欠)

謹上　参河前司（藤原経季カ）殿

刑部卿菅原淳高カ請文

27【七月十八日裏】

可早参候也、

陪膳結番

今日陪膳、早可参勤」之状如件、

七月十一日　　刑部卿□□（淳高カ）

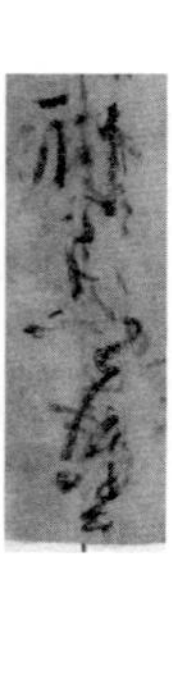

藤原家季カ請文

28【七月十八日至十九日裏】　○93号ヨリ続ク

（前欠）」参仕候処、真実」無術故障候、於今度」者、可有御許候、恐々」謹言、

七月九日　　□□（家季カ）

源康長書状

29【七月十九日裏】　○33号ニ続ク

秋季釈奠

秋季釈奠分配職事」不分〈知給〉明候也、六位分配」新蔵人候、然者可為康長（源）」奉行候歟、但未

□（押カ）分配」之間、当時之□」（後欠）

兵部卿藤原経賢カ請文

30【七月十九日至廿日裏】　○35号ニ続ク

法勝寺御八講

法勝寺（山城国）御八講結」願、可令参仕候之処、」聊相労事候也、」可然之様、可得御意」□□（之状カ）如
件、

（後欠）

藤原信実ヵ請文

31【七月廿日裏】

（前欠）」□」令先領状申了、」以此旨可令披露給状」如件、

七月一日　　信□（実カ）

某請文

最勝寺御八講

32【七月廿日裏】

明日二日、最勝寺（山城国）」御八講結願御」布施取事、承候」了、但同御国忌（鳥羽天皇）」（後欠）

源康長書状

33【七月廿日裏】　○29号ヨリ続ク

（前欠）」□□云事、一臈計被参」候也、恐惶謹言、

七月廿四日（五）　　源康長

左京大夫藤原重長ヵ請文

34【七月廿日至廿二日裏】

陪膳結番

陪膳番、守此日々」可参勤候由承候、」但於明日者、当時所労候」間、不能参勤、可然
之様、」可令計披露給之」状如件、
三月十七日　　左京大夫重□〔長ヵ〕

兵部卿藤原経賢ヵ請文

35 【七月廿二日至廿三日裏】　○30号ヨリ続ク

（前欠）

七月六日　　兵部卿〔藤原経賢ヵ〕（花押）

陪膳結番

権右中弁藤原為経ヵ請文

36 【七月廿四日至廿六日裏】

陪膳当番日之事、」可存此旨候、但艾跡」未平喩〔癒〕之間、於明」日者難参勤候」也、謹言、
四月十二日　　権右中弁□□〔為経ヵ〕

某請文

陪膳結番

37 【七月廿六日裏】

陪膳結番事承候了、」但可被相当殿上之当番」日候也、前々皆如然候歟也、」□皆遣殿
上番候之間、」（後欠）

右少将藤原兼輔ヵ請文
陪膳結番

38【七月廿六日裏】

今日陪膳事承候了、」秉燭之程可参勤候、」可令得其意給候、謹言、」

四月十九日　右少将兼□〔輔ヵ〕

右中将某請文
陪膳結番

39【七月廿六日裏】

陪膳番、守此日々、可」参勤之由、承候了、早」可存此旨候也、謹言、

三月廿九日　右中将実□

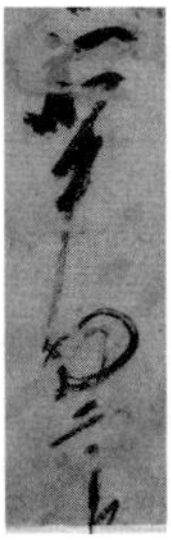

右少将藤原家任請文ヵ
陪膳結番

40【七月廿六日裏】　○43号ニ続クヵ

□〔陪〕膳事、被結番之由」（後欠）

某書状追而書
陪膳結番

41【七月廿六日裏】

（前欠）」□」廿三日御教書、今日廿六日」到来、仍廿四日当番」不知候、

藤原資頼請文
陪膳結番

42【七月廿七日裏】　○23号ニ続ク

今日朝陪膳可勤仕候、」□　□也、可令得其」（後欠）

右少将藤原家任請文

43【七月廿七日裏】　○40号ヨリ続クヵ

（前欠）」□□□（承候了、カ）早任此日々」可令参仕候、以此旨可令」披露給候、謹言、

四月廿六日　　右少将家任（藤原）

藤原隆範ヵ請文
最勝寺御八講

44【七月廿七日至卅日裏】　○本文書袖添付ノ別紙紙片ノ残画「膳□事□承候□」カ

明日二日、最勝寺（山城国）御」八講結願、御布施」取□（之カ）事、謹承□□（候了、カ）」但無術故障候之間、」難申領状候、以此旨」可然之様、可令披露」給之状如件、

七月一日　　□□（隆範カ）

後堀河天皇綸旨
法勝寺御八講

45【七月卅日裏】　○宿紙、「天気」平出

法勝寺（山城国）御八講」初後行香」不足幷御」布施取可令」参仕給候、」天気執啓如件、

七月二日　　康長（源）

謹上　九条侍従殿

某書状追而書

46【閏七月四日裏】

逐申、

（後欠）

某請文
陪膳結番

47【閏七月四日至五日裏】

明日廿二日、陪膳当番、」可参勤之由被仰之処、」俄所労候也、可然之様、」可令計□〔披〕露給、謹
言、

七月廿一日　　　　□□□

某書状カ

48【閏七月六日至七日裏】

来廿五日祈年穀」奉弊（幣）、可有御□□」（後欠）

祈年穀奉幣

文章博士大江
周房カ書状

49【閏七月七日至十日裏】　○51号ヨリ続ク

（前欠）」誰人候哉、欲奏聞之□」候之間、内々令尋申候也、可」注給候、恐々謹言、

七月廿五日　　　　文章博士（大江周房カ）□

新蔵人殿（源康長カ）

某書状

50【閏七月十一日裏】

今日必可帰参之由相」存候之処、右馬権頭〔源有長カ〕」自一昨日所労事候、」而此未刻許、以外大事発者、如法□」□」□」放候也、随此有□□」可参候、北隣事者」可見放、可加守護之由」可□〔被カ〕仰候也、□」（後欠）

文章博士大江周房カ書状
釈奠

51【閏七月十一日裏】　○49号ニ続ク

此□釈奠分配職」（後欠）

某書状

52【閏七月十一日裏】

□□〔謹以カ〕啓、
所労未及尋常」候、当時ハ於祇候□」枉可蒙御芳恩□」連日ニも可構参」仕候、子細等□□〔見参〕」□〔御カ〕□候、

藤原家季カ請文
陪膳結番

53【閏七月十一日裏】

明日十八日、陪膳可令」参勤之由、謹以承候□〔了、カ〕」但聊物詣之事候、」然而事闕候者、随□〔重カ〕」仰

入夜可参候、恐々謹□〔言、カ〕

七月十七日

家□〔季カ〕

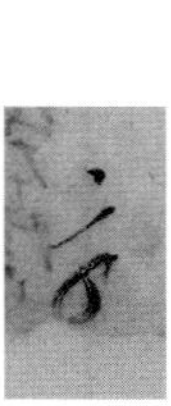

54【閏七月十一日裏】　勘解由次官平経氏カ請文　七瀬御祓使

七瀬御祓使可参勤之処、」所労久罷成候了、一切不得」減気候之間、出仕当時無其期候、」可然之様、可有披露之状如件、

七月十日

勘解由次官□□〔経氏カ〕

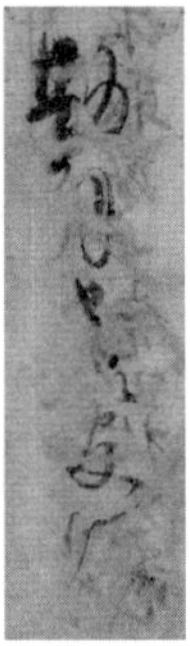

55【閏七月十一日至十二日裏】　重弘請文

被仰下候貞弘出仕事、」畏以奉候了、但此間□」然候之間、如当時者難叶候也、」真実所労更発候之間、且為療治遣」遠所候、得減候者、争不出仕候哉、」為得此御意、可然之様、可令申上」給候歟、重弘恐惶謹言、

□

左衛門府生□□重弘

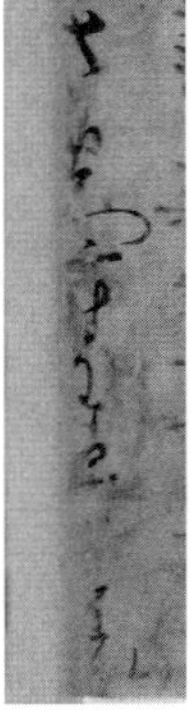

56【閏七月十二日裏】　○95号ヨリ続ク　前三河守藤原経季カ請文

（前欠）」候、以此旨可然之様、可令披」露給之状如件、

七月一日　　前参川守経□〔季カ〕

右少将某請文
陪膳結番

57【閏七月十二日至十四日裏】

陪膳結番事、承候了、守」件日々、早可令勤□〔仕之状如カ〕件、

七月十六日　　右少将□□

○閏七月十四日至十六日裏（一紙）袖残画有ルモ読メズ

某請文
七瀬御祓使

58【閏七月十六日至十八日裏】

来十七日七瀬御祓」使事、承候了、但件日」難去故障候、若扶得」者可構参候、得御意」可令計披露給、仍」執達如件、

七月十一日　　□□

侍従藤原能定請文
七瀬御祓使

59【閏七月十八日至十九日裏】

明日十九日、七瀬御祓使、可令」勤仕之由、謹奉候了、但難去」故障候、仍難勤仕候□□〔了、カ〕□

□」得御意可令披露給之状如件、

七月十八日

侍従能定（藤原）

前三河守藤原経季カ請文
陪膳結番

60【閏七月十九日至廿日裏】

明日陪膳事承候、」早可勤仕候、謹言、

七月十八日

前参川守経□（季カ）

藤原行能請文
陪膳結番

61【閏七月廿日裏】

陪膳番三月廿四日・五月七日・六月廿一日」守此日々、可令参勤之由、」謹承候了、恐々謹言、

三月廿日

行能（藤原）上

左中弁平有親カ請文
陪膳結番

62【閏七月廿日裏】

陪膳番事承候了、但」四月五日軽服日数内候之間、」難参内候、五月十□日・□」月二日、早可存知候、臨期」可被催驚也、恐々謹言、

三月廿九日

左中弁（平有親カ）（花押）

63【閏七月廿日至廿一日裏】

前下総守平知宗ヵ請文
七瀬御祓使

来十七日七瀬御祓」使事、所請如件、

七月九日　前下総守知〔宗ヵ〕□

64【閏七月廿一日裏】

某書状

殿上人次第一帋」悦賜候了、毎事儀、可」期参内之次候、恐々」（後欠）

65【閏七月廿一日裏】

内蔵頭藤原隆綱ヵ請文

（前欠）」之状、所請如件、

三月廿九日　内蔵頭隆〔綱ヵ〕□

66【閏七月廿一日裏】

定康書状ヵ

（前欠）」□

七月廿四日　定康

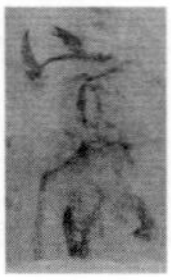

67【閏七月廿一日裏】

兵部権少輔藤原経俊ヵ請文

七瀬御祓使

来十七日七瀬御祓使」事、当時所労之間、難」参勤候、恐々謹言、

□日　　兵部権少輔□□〔経俊カ〕

右中将某請文

68【閏七月廿一日至廿二日裏】　○71号ニ続ク

来廿五日可被発遣」□　□□□〔御拝カ〕」（後欠）

右少将藤原兼輔請文

69【閏七月廿二日裏】

（前欠）」□　□」次第、可令参勤之由、謹」奉候了、以此旨可令披露」給之状如件、

四月十六日　　右少将兼輔〔藤原〕

某請文

陪膳結番

70【閏七月廿二日至廿三日裏】

陪膳結番之由、承候了、」守件日々、早可令参勤」（後欠）

右中将某請文

71【閏七月廿三日裏】　○68号ヨリ続ク

（前欠）」□　□□□〔御拝カ〕」之間、可令候御剣之由、謹」承候了、但無術故障事」候也、可

然之様、可令計披露」給之状如件、

七月十七日　　　右中将（花押）

四二

○閏七月廿三日裏（一紙）奥ノ残画「□　□守結番」カ

左兵衛佐某請文
七瀬御祓使

72【閏七月廿四日至廿五日裏】

明日〈十九日〉、七瀬御祓」使事、可令参仕之由、」謹承候了、而難治」故障候也、仍不能参」仕候、以此旨可令計」披露候、恐々謹言、

七月十八日　　　左兵衛佐□

藤原家季カ請文
陪膳結番

73【閏七月廿五日裏】

明日〈十九日〉、陪膳可令」参勤之由、謹以承候了、□」中難叶候、入夜可参□」之由、相存候也、恐々謹言、

七月十八日　　　〔家　季カ〕□□

少納言藤原兼宣カ請文
七瀬御祓使

74【閏七月廿五日裏】

今日十九日七瀬御」祓使、可令参勤候」之処、依指宿願物詣」事候、昨日即御教」書到

来者、可参勤」候之処、已臨其期□〔物カ〕」詣候、以此旨可然之様、」可令計披露給候、」恐々謹言、

七月十九日　少納言□□〔兼宣カ〕

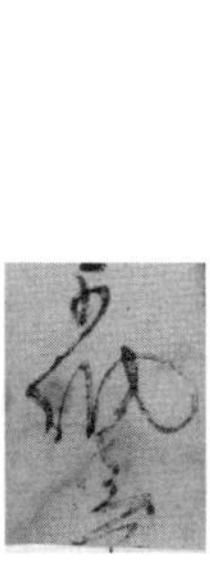

左少将某請文
陪膳結番

75【閏七月廿五日裏】

陪膳被結番之由」奉候了、守彼日々」可令参勤之状、所」請如件、

三月廿四日　左少将□□〔資カ〕

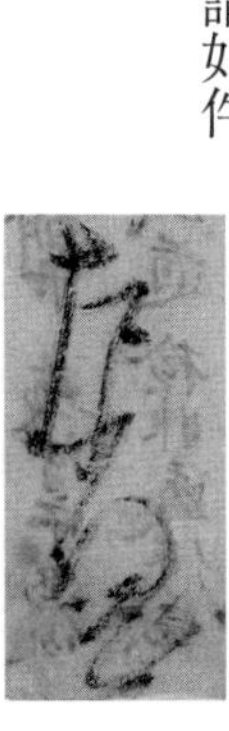

前三河守藤原経季カ書状

76【閏七月廿五日裏】

（前欠）」得候、毎事期見参候、謹言、

四月十日　前参川守経□〔季カ〕

□□□□〔新蔵人殿カ〕

中宮大進藤原忠高カ請文
七瀬御祓使

77【閏七月廿五日至廿六日裏】

七瀬御祓使、尤可参勤」候之処、難治故障候、」可然之様、必可令計」披露給、恐々謹言、

七月十八日　　　中宮大進（藤原忠高カ）□

四四

78【閏七月廿六日至廿八日裏】

某書状カ

季御読経

自来廿九日可被始行」季御読経、任例」早可令申沙汰」（後欠）

79【閏七月廿八日裏】

陰陽頭賀茂在俊書状

（前欠）」候者、廿三日癸未・廿四日甲申」宜候、件日等中、可被計用」候歟、恐々謹言、

（寛喜二年）六月廿一日　　　陰陽頭賀茂在俊

謹上　新蔵人殿（源康長）

80【閏七月廿八日裏】　○10号ヨリ続ク

中務権少輔藤原貞時カ請文

尊勝寺御八講

□（尊カ）勝寺（山城国）御八講行香」（後欠）

81【閏七月廿八日至八月一日裏】

某書状

御卜形

（前欠）」御卜形等返給候了、」相返候、可令構帰参」給候也、謹言、

82【八月一日至二日裏】

某書状追而書

逐申、

陪膳結番

明後日陪膳事、当時」（後欠）

83【八月二日裏】

菅原某請文

（前欠）」□□（可令カ）勤仕之由承候了、但」当時於祗候者、難治」之子細候、今一両日殊可」祗候之由事存候、兼為御」存知令申候、恐惶」謹言、

七月廿日　　菅原□□

○八月二日至七日裏（一紙）文書無シ

84【八月七日裏】

前下総守平知宗カ請文

七瀬御祓使

七瀬御祓使事、承」候了、恐々謹言、

六月廿四日　　前下総守（平知宗カ）□

85【八月七日至九日裏】

某書状追而書

盂蘭盆会

逐申、

盂蘭盆御布施取」事、同故障候也、

右兵衛権佐源定具ヵ請文
尊勝寺御八講

86【八月十日裏】

尊勝寺〔山城国〕御八講初後」行香不足幷御布施」取可令勤仕候之処、難」去故障候、得此御意、可」然之様、可令披露給之状如件、

□月□日　　　右兵衛□〔権ヵ〕佐□□〔定具ヵ〕

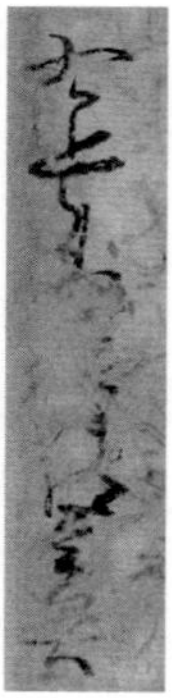

某書状追而書

87【八月十日至十一日裏】

逐申、

七瀬御祓

去月七瀬御祓之時、」遅参之条以外候、今」月無煩之様、可計沙汰」之由承候了、恐々

謹言、

前三河守藤原経季ヵ書状

88【八月十一日裏】

（前欠）」□　□」折節所労遺恨候、毎事期」見参、謹言、

七月二日　前参川守経〔季カ〕□

89【八月十一日至十五日裏】

治部少輔藤原光資カ請文
法勝寺御八講

（山城国）法勝寺御八講結願御」布施取事、承候了、」但故障候也、可然之」様、可令計披露」給之状如件、

七月五日　治部少輔□□〔光資カ〕

90【八月十五日至十六日裏】　○98号ニ続ク

中務権少輔藤原貞時請文
七瀬御祓使

来廿七日可被行」七瀬御祓使、可令勤仕」□〔給カ〕之由、謹承候了、但所労」□□」（後欠）

91【八月十六日至廿日裏】

文章博士大江周房カ請文

（前欠）」□□□□□□〔可令得御意給カ〕」之由、所請如件、

七月二日　文章博士〔大江周房カ〕□□

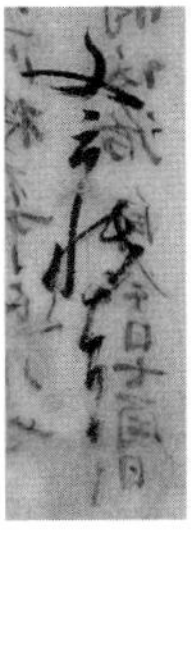

92【八月廿日至廿四日裏】

某請文

陪膳結番

今日陪膳事、承候了、」尤可令参仕候之処、自」去月上旬所労候之間、久不」出仕候、
且其由令申昨日請」□〔文ヵ〕了、仍難参候、闕如候時ハ、」（後欠）

藤原家季ヵ請文
陪膳結番

93【八月廿四日裏】　⊙28号ニ続ク

明日十日、陪膳可令」（後欠）

後堀河天皇綸旨
御拝

94【八月廿四日裏】　○宿紙、「天気」平出

（前欠ヵ）」御拝之間、可令候御剣」給候、依」天気執啓如件、

七月廿日　　　源康長奉

謹上　右中将殿

前三河守藤原経季ヵ請文
法勝寺御八講

95【八月廿四日至廿六日裏】　○56号ニ続ク

法勝寺（山城国）御八講初後」行香幷御布施取」可令参勤之由、謹承候了、」但自去月上旬所労候
之間、」□出仕候、仍難申領状」（後欠）

右衛門権少尉某書状

96【八月廿七日裏】

（前欠）」□□

四月廿五日　　　　右衛門権少尉（花押）

謹上　新蔵人（源康長カ）殿

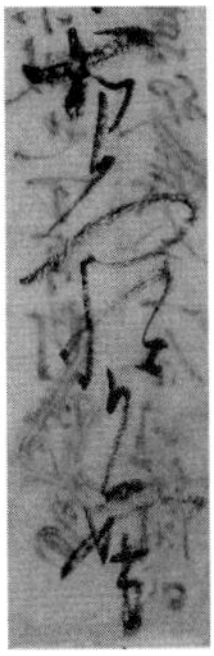

某請文
陪膳結番

97【八月廿七日至廿八日裏】

今日陪膳事、承候了、尤」可参勤候之処、自去月廿日比」所労更発之間、不及出仕候、」

（後欠）

中務権少輔藤原貞時請文

98【八月廿八日裏】　○90号ヨリ続ク

（前欠）」□□」意可有御披露候也、」恐々謹言、

六月廿五日　　　　中務権少輔貞時（藤原）

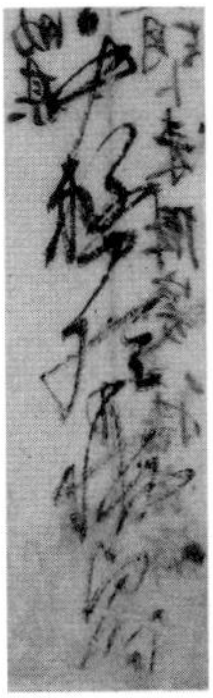

某書状追而書
祇園御霊会馬長

99【八月廿八日裏】

退言上、

祇園（山城国）御霊会馬長」参陣之間事、可令申」沙汰之由、同以承候了、重」恐惶謹言、

某書状カ

100【八月廿八日裏】

（前欠）

六月廿七日　□

○八月廿八日裏（一紙）奥残画有ルモ読メズ

後堀河天皇綸旨　最勝講

101【八月廿八日裏】　○宿紙、「天気」平出

最勝講之間、可令」出仕給者、依」天気執達如件、

五月十日　　左□〔近カ〕将監光□〔成カ〕

謹上　新蔵人〔源康長カ〕殿

文書断簡

102【八月廿八日裏】　○宿紙

来廿五日可被」□□」（後欠）

右近将曹惟宗景重請文　祇園御霊会馬長

103【八月廿八日裏】

（前欠）」□□御霊会馬長、」任例可令申沙汰之由、謹以」奉候訖、但当時痔病更発

候、」雖聊候不及行歩候、仍無左右欲」申沙汰候、折節所労候事、殊以」恐思給候、以
此旨可然之様、可令申上」御候、景重恐惶謹言、

六月七日　右近将曹惟宗景重□

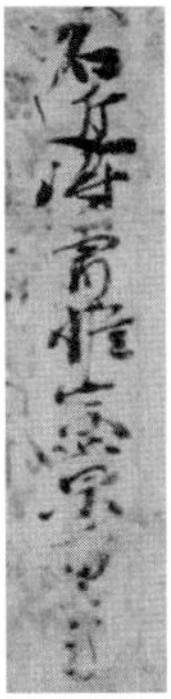

中務権少輔藤原貞時カ請文
七瀬御祓

104【八月廿八日至九月四日裏】

来十七日可被行」七瀬御祓、使可令勤仕之」由、謹承候了、但所労」無為方候之条、不
及出仕」候、得御意、可有御披露」候也、恐々謹言、

七月十一日　中務権少輔□□（貞　時カ）

後堀河天皇綸旨
法勝寺盂蘭盆

105【九月五日至七日裏】　○宿紙、「天気」平出

（山城国）法勝寺盂蘭盆、」為御布施取可令」参仕給者、依」天気執啓如件、

七月十三日　（源）康長奉

謹上　（藤原貞時カ）中務権少輔殿

陰陽頭賀茂在俊書状

106【九月七日裏】

七瀬御祓日

七瀬御祓日、来廿七日丁亥不入神吉日・重日、可宥用候歟、廿九日己丑」頗雖無難候、朝家之」陰陽師皆以一様之旨仰候歟、」六月祓候之故也、得御意」可有計御沙汰候、恐々謹言、

（寛喜二年）
六月廿一日　陰陽頭賀茂在俊

源康長書状
陪膳結番

107【九月七日至九日裏】　○宿紙

今日陪膳本番候、」可被申所労之由」候之間、真実闕如候了、」為公平御参仕候乎、」恐惶謹言、

七月十一日　源康長

謹上　左馬頭殿

某請文
陪膳結番

108【九月九日至十一日裏】

去月自下旬軽服事」候之間、今月殊依為御計」事、不出仕候、仍来十五日」陪膳当番難勤仕候歟、」無闕如之様、可令相計給□（候、カ）」且明後日十二日、（後白河天皇皇女覲子内親王）宣陽門院御方」□□御参籠候之間、令参」□□」（後欠）

侍従藤原能定ヵ書状

109【九月十一日至十二日裏】

（前欠）

七月十一日

侍従□□〔能定ヵ〕

藤原経行ヵ請文
陪膳結番

110【九月十二日至十六日裏】

陪膳番事、守此日々、無□〔懈ヵ〕」怠可令勤仕之状如件、

三月廿八日

□□〔経行ヵ〕

某請文

○九月十六日裏（一紙）袖残画有ルモ読メズ

最勝光院御八講

111【九月十六日至十九日裏】

明日最勝光院〔山城国〕御八」講結願、御布施取事存」知者也、早可令参仕候也、」□□〔恐々カ〕謹言、」（後欠）

左少将某請文
祈年穀奉幣御剣役

112【九月十九日裏】

祈年穀御剣役」事、謹所請如件、

□月廿日　　　左少将□□

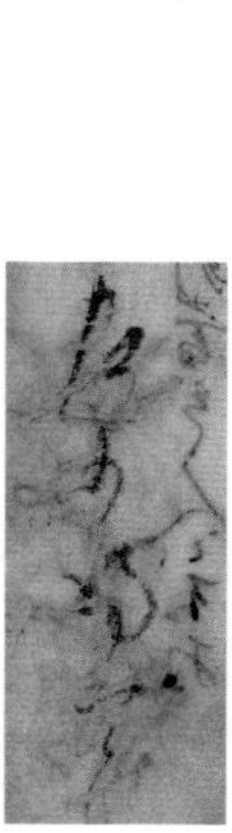

左少将某請文

113【九月十九日至廿一日裏】

（前欠）」□　□故障□」可然之様、可令披〔露カ〕□」給状如件、

七月十九日　　　左少将□□

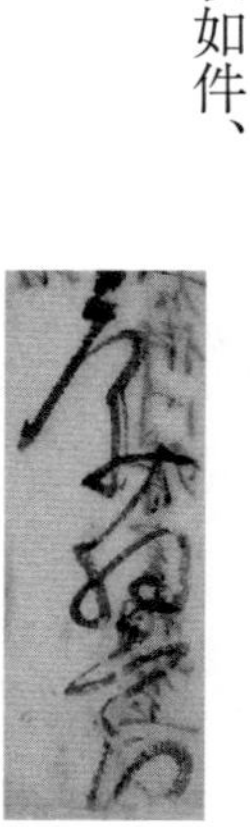

某請文

陪膳結番

114【九月廿一日至廿二日裏】

陪膳番事、守此」日々可令参仕之由、所」請如件、

□　□

○九月廿三日至廿五日裏（一紙）文書無シ

源康長書状幷京極某勘返

陪膳結番

115【九月廿五日至廿八日裏】

〽承候了、」早可参勤候、如法辰刻」可〔参カ〕□勤候也、早々可令」取具給候、謹言、

□□〔署判カ〕

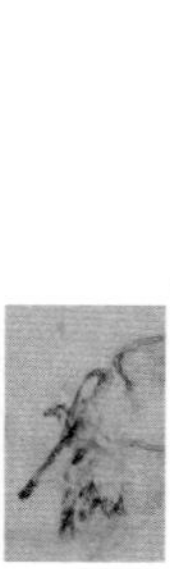

（115号勘返ノ署判カ）

明日十七日、〽陪膳闕如」候、御勤仕候哉、」事□参入候、」恐惶謹言、

七月十六日　　　〔源〕康長

京極殿

某請文
七瀬御祓使

116【九月廿八日裏】

明日七瀬御祓使、□〔可〕」令参仕之由、謹所請」如件、

七月十六日　（花押）

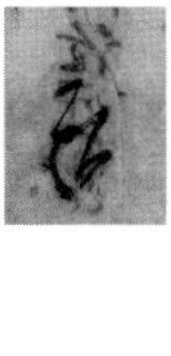

陰陽頭賀茂在俊書状
七瀬御祓使

117【九月廿八日至卅日裏】

明日□〔十カ〕七日、□□〔七瀬カ〕御祓使、」来十九日之由、謹以承□〔候、カ〕」恐々謹言、

七月十六日　陰陽頭賀茂在俊

大治四年冬巻

○十月一日至五日（一紙）紙背無シ

左馬助某請文
十四日行幸

118【十月五日至七日裏】

来十四日　行幸、可令供」奉之由、謹承候了、但聊」故障候、可然之様、可令□〔計カ〕」披露
給候、恐惶謹言、

六月六日　　左馬助□□〔経カ〕

行幸供奉人交名
行幸散状

119【十月七日至八日裏】○宿紙、書止

行幸散状

近衛将

（源）師季朝臣　（藤原）宗平朝臣
（藤原）雅継朝臣　（藤原）実持朝臣
（藤原）隆盛朝臣　（源）家定朝臣

(藤原)実清朝臣　(源)通行朝臣
(藤原)教房　(藤原)教信
(藤原)頼氏朝臣
已上領状

右少将藤原兼輔請文
祇園御霊会馬長

120【十月九日裏】
(山城国)祇園御霊会馬長」可令騎進候由、謹承候了、」但無□(術カ)故障候也、以此旨可令」計披露給
候状如件、
五月廿四日　右少将(藤原)兼輔

行幸供奉人交名
十三日行幸

121【十月九日裏】　○宿紙、書止
来十三日　行幸
近衛次将散状
(藤原)実持朝臣　家定朝臣

左兵衛尉某請文
祇園御霊会馬長

122【十月九日裏】

馬長事、重被仰下候之□〔処、カ〕」謹承候了、但真実於今年□〔者、カ〕」殊無術子細等候之間、不能」騎進候也、可然之様可有□」御披露候、兼又度々御請□〔文カ〕」不進之由蒙仰候、尤悦入□〔候、カ〕」只今二通一度に到■〔来〕□」不審候云々、猶々必々可□」御計候也、恐惶謹言、

六月七日　　左兵衛尉□□

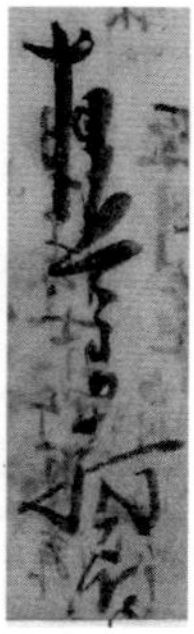

○十月九日至十一月廿四日（二十八紙）紙背無シ

右衛門権少尉某書状
日蝕

123【十一月廿四日裏】　○127号ニ続ク

来月一日々蝕事、」□〔任カ〕例可令申沙汰」□御祈之間事、同可」□□」（後欠）

文書断簡

124【十一月廿四日裏】　○宿紙

（前欠）

新蔵〔源康長カ〕人殿

某書状

125【十一月廿四日至廿五日裏】　○宿紙、書止、五行目所字左墨書有リ、花押カ

祇園御霊会馬長

馬長事、可令相催」歟之由、一日蔵人少輔（藤原経光カ）」被申候き、然而未蒙」御与奪候之間、不相」催候、御不審内々所々」之□（以下空白）

源康長書状　季御読経

126【十一月廿五日裏】　○宿紙、129号ニ続ク

自明日廿九日、可被始□」季御読経、初日可令」御出居座給之由、先日」令進御教書候了、而」□未到、定仕人解□」（後欠）

右衛門権少尉某書状

127【十一月廿五日至廿六日裏】　○宿紙、123号ヨリ続ク

（前欠）」□□□□

三月十八日　　右衛門権少尉□

謹上　新蔵人（源康長カ）殿

源康長書状

128【十一月廿六日至廿七日裏】　○宿紙

今日当寮三十余人可被」□□進事、□（非カ）奉行□（可カ）」付奉行人可被仰遣候歟、」□方工不仕過法候、能々可有」下知候、恐惶謹言、

□月廿八日　　(源)康長

源康長書状

129【十一月廿七日裏】　○宿紙、126号ヨリ続ク

(前欠)」□　　」□由、殊所被仰下」也、恐惶謹言、

四月廿八日　　源康長

謹上　(左中将カ)□□□殿

某書状

損亡の訴え兵衛大夫

130【十一月廿七日至卅日裏】

(前欠)」候や□□□□なく候ハ□」又そんまう(損亡)のうたへ(訴)のこと、」兵ゑ(衛大夫)のたいふにかやく
に候て、」申さためておかれ候、その」うゑ、とかく申すへく候やう□」候はねとん、
よしみちも存□」おりふしにて候へハ、百さう候て」心をもいたくたかへぬやう□」あ
らまほしくて□この□」一をゆるすへしと申□し□」いか、候らん、その兵ゑの」
たいふか事、いかにあはせさた□」くたしふ□の」なりやう」あしき」と□」候へく
候、
(天部)
(前欠)」□て、」それへ」まいらせ候と」申候ハ、」又□申」□の」つかひハ」

□を」候へハ、□そ□」なにより候て、」たれそ」□　□
（奥一段目）□なたよりとのに、」さりかたき」人に□にて申、」さるなれハ、」その申」御さた心」に
てなん」申」さる□」よを□も□
（奥二段目）み□へ存たる」やう入」候へくそ、」うち〱より」存候も、」さしも」申すことにて候に」
□や□」申すへく□
（奥三段目）□□の□候ハん、あに□くと」申て候、」このゝ」御ハ、かたの」したしき」□つるか」
□に申□　□

文書断簡

131【十一月卅日裏】

（前欠）」□　□□

筑後守殿　　　康□

某書状

132【十一月卅日裏】　○本文書袖添付ノ別紙紙片ニ残画有ルモ読メズ

（前欠）」□かけるへしとん」候はぬやうにて、いつ□□〔にもカ〕」さしてにて候は、しり候」
ニて、そこの所たし候て□る□」みもしにと存候、さたして」候へくとてや存へし、」

くるし□候にて候やにて候、」それもくるしく［　　］さ［　　］」いかにも候へく［　　］

133【十二月一日至二日裏】

官位交名

左近衛府

(1)［　　］［　　］藤原家ー(通)　建保七壬二廿五

中将

権中将　正三位藤原信成　建保三四十一 参議　　従三位藤国通　建仁二正十三 参議

正三位藤原基忠　建仁二正廿一　　従三位藤基輔　建保三十二七□

従三位藤実基　建保五二三 元右　　正四位下藤為家　建保五十二十二

正四位下源師季　建保七正廿二　　従四位上藤伊平　承〔久〕元二四〔六脱〕

従四位上藤隆親　承久三四十六

少将

権少将　従四位上藤敦通　承久二正廿二 還任　　従四位上藤宣経　建保六十二□〔九カ〕

従四位上藤親仲　承久□〔三〕正廿二 還任　　従四位下源□平　［　　］〔承カ〕［　　］

従四位下藤盛□〔兼〕　建保六三六 承久□正六 同廿二還任　　正五位下藤頼□　建保七［　　］

正五位下藤実□〔雅カ〕　建保六四九〔二〕　正五位下藤実有　建保□〔七〕正廿□〔二〕
正五位下藤実世　建保七正廿一　従五位上源有資　承久四□〔二〕六
従五位上藤教雅　承久元十一十三　藤時通　承久三壬十
従五位下藤家盛　建保二正十三　従五位下藤季頼　建保六十二□
将監
将曹
(2)□□□」

□□□　承久元十一十三

134 【十二月二日至四日裏】

官位交名
(1)右近衛府

□〔源カ〕通平　□〔建保三十二十五カ〕　正四位下源雅清　承元□〔三〕十卅
□〔正カ〕四位下藤清親　建保〔暦〕元十一十二　正四位下源具実　建保七正廿三
従四位上藤有信　建保七正廿二　従四位上源資雅　承久二正廿二
従四位上藤高実　承久二正廿二　従四位下藤実忠　承久□□□□五〔二十二十カ〕
従四位下藤実雅　承久二四六

少将
権少将　従二位藤教実　建保五正廿九　従四位下源資宗　承久元十二十七
　　　　従四位下藤教忠　建暦三正五　従四位下藤宗平　建暦二三廿二
　　　　　　　　　　　　　　　　　　　　　　　　　　承久元十二十三還□〔任カ〕
　　　　　　　　　　　　　　　　　　　　　　　　　　同二正廿三還任
　　　　従四位下藤隆経　建保五十二廿三　従四位下源有教　□〔建保五十二〕□十二
　　　　　　　　　　　　承久元十二十七四位
　　　　正五位下藤基信　承久元十一十三　正五位下藤□□　承久□□
　　　　正五位下藤資□〔季カ〕　建保七□〔正廿二カ〕　□五位下藤□□
　　　　従五位上藤実経　承久元十二□□　従五位上源定平　承□〔久元十二十三〕□
将監
将曹
　　　　□□　承久二四六
(2)
○三行分空白
」

135【十二月四日至八日裏】

官位交名

○八行分空白

右衛門府

右衛門府
督　正三位藤経通　承久二四六
佐　正五位下藤資隆　承久三八廿九
権佐　正五位下平範輔　承久三壬十十八
大尉
少尉

官位交名

136【十二月八日至九日裏】○袖ニ白紙一枚接続

左兵衛府

左兵衛府
督　藤公雅
佐　従五位上藤家定　承久三七廿八
□〔権佐〕□〔従〕五位下藤経行　建保五十二十八

官位交名

137【十二月九日至十一日裏】

□□□□　建保五六□〔廿カ〕九

□従五位下藤顕氏　承久三八廿九

左馬寮

頭　従五位下藤隆宣　承久二四十六

権頭　橘以康　承久三正十三

助　藤仲能　承久三四十六

権助　従五位下藤範経（改頼行）　建保六正□〔十カ〕六

右馬寮

頭　従四位上藤元俊　承久二□廿九

権頭　□藤隆範　承久元八十三

助　従五位下源重親　建保七四八

権助　従五位下源邦時　承久二正廿二

兵庫寮

〔頭カ〕□平信重（繁）　承久三壬十十八

〔権頭カ〕□橘信成　建保二正十三　藤家長　建保□十二□四

官位交名

□□

藤忠光　建保四十□□四　承久二十二十

138【十二月十一日至十五日裏】

陸奥出羽按察使府

□〔陸奥カ〕出羽按察使府(1)

按察使

施薬院使

施薬院使

使　正四位下丹波長基　承久三

修理宮城使

修理宮城使

左宮城使

使

判官　正五位上小槻公尚　建仁二閏十十四　中原明□　建保五□

主典　大江信種　建保五二三

右宮城使(2)

使

」

大治四年冬巻　六七

判官　従五位下紀隆時　承〔元脱カ〕久十二十七　中原尚継　承久元十二□

主典　中原明景　建暦二十二廿九　中原景弘　建保五□

防鴨河使

防鴨河使

使　正五位下藤経兼　建保二十二十二

□□藤信広　建保五二三

官位交名

139【十二月十五日裏】

造東大寺司

〔長カ〕□官　従五位下三善業信　建暦元十一三

判官　従五位下中原俊職　承久三十一四

主典　中原成方　承久元十二十七

修理東大寺大仏司

修理東大寺大仏司

長官　正五位上小槻国宗　正治元九廿三

次官　従五位下中原保俊　承久元十二十七　建保六十二十二

判官　従五位下中原宗弘　承久元十二十七

造興福寺司

主典　中原章重　承元四八十四

造興福寺

長官

次官

判官

主典

○三行分空白

□使

□□藤経通　承久二四六□

140【十二月十五日至廿日裏】

官位交名

検非違使

□〔正五位下平〕範□〔輔〕　承久三壬十十八

□

左

大尉

少尉　従五位下大江公澄　建永二正十三　承元二正廿叙留　建仁元二廿三　元久二十二廿九叙□〔留カ〕

従五位下藤信広　建保二正十三叙留　防鴨判官

中原明政　明法博士　建仁二三廿四　左宮城判官　建暦元十元右

源重継　建保六十二九

紀久朝　承久元十二十七

藤成能　承久三正十三

源邦定　承久三壬十〻十八

右

大尉

少尉　安倍資直　建保四十二十四　承久三四廿八転

志

左

大志

少志　安倍資茂　建仁三正七

清原季昌　元久二十一廿九

惟宗久俊　建保五六廿九　元右

□

□ 明法博士 承元二四□ 建暦元七廿八転大 中原明景 □宮権少属承□ 右宮城主典建□

141【十二月廿日裏】

(1)□

左 中原範景 承元四二十九 紀職光 左□建保七正廿□

右 中原守景 左史生 建保二十廿八

造伊勢太神宮使

使

侍従厨

(2)内竪〔豎〕所

別当

頭 縫殿允藤経重

内教坊

大治四年冬巻 七一

」

別当

大歌所

大歌所

別当

穀倉院

穀倉院

別当　正五位上小槻公尚

勧学院

勧学院

□〔別カ〕当　左大弁藤家宣

□

嘉禄二年仮名暦

142【十二月廿日裏】　○罫線有リ、143号ヨリ続ク

十二月

□〔七日〕　□〔つちのえねカ〕　くゑ日

□〔八日〕　□〔つちカ〕のとのうし　神さう事ニよし

下しき□〔とカ〕りの時

九日　かのえとら　仏さう事物たつによし

き□〔こ日カ〕

十日　かのとのう　神さう事ニよし

十一日　みつのえたつ　十二月せち　さう事ニわろし
十二日　みつのとのみ　かむ日　ちう日
十三日　きのえむま　神仏さう事物たつによし
十四日　きのとのひつし　さう事ニわろし
十五日　ひの□〔えカ〕さる　神によし
十六日　ひのとのとり　神さう事ニよし
十七日　つちのえいぬ　さう事ニよし　ふく日
十八日　つちのとのゐ　さう事ニよろし
ちう日　ふく日
十九日　かのえね　神仏《さ》う事物たつによし
ゝ　きこ日　けこ□〔日カ〕
廿日　かのとのうし　物たつによろし
廿一日　みつのえとら　仏さう事物たつによし
廿二日　みつのとのう　神さう事物たつによし
仏によろし　下しきいぬの時
〔廿三日〕□〔きカ〕のえたつ　とようのはしめ　神さう事ニよし
〔廿四日〕□〔きのとのみカ〕　かむ日　ちう日

〔廿五日　ひのえむまヵ〕□　よろし

143【十二月廿日至廿三日裏】　○罫線有リ、144号・本号・142号ト続ク

嘉禄二年仮名暦

十一月

〔十七日　つちのえたつヵ〕□　さう事ニわろし
〔十八日　つちのとのみヵ〕□　神さ□〔うヵ〕事ニよろし　ち□〔うヵ〕日
十九日　□〔かヵ〕のえむま　さう事物たつによろし　けこ日
廿日　かのとのひつし　神さう事物たつによし
廿一日　みつのえさる　かむ日
廿二日　みつのとのとり　神さう事物たつによし　ふく日
廿三日　きのえいぬ　さう事物たつによし
廿四日　きのとのゐ　さう事物たつによろし　ちう日
廿五日　ひのえね　十一月中　さう事ニよろし
廿六日　ひのとのうし　神さう事ニよし　仏によろし
下しきとりの時
廿七日　つちのえとら　仏さう事ニよろし　きこ日

廿八日　つちのとのう　めつ日
廿九日　かのと〔え〕のたつ　仏によろし
卅日　かのとのみ　仏さう事ニよろし　ちう日

十二月

十二月　小　土公にはにあり
一日　みつのえむま　さう事ニよろし　けこ日
二日　みつのとのひつし　仏さう事ニよろし　ふく日
〔三日　きのえさるカ〕　かむ〔日カ〕□
〔四日　きのとのとりカ〕　神さう事物たつによろし

嘉禄二年仮名暦

十月

144【十二月廿三日至廿四日裏】　○罫線有リ、143号ニ続ク

〔廿七日　みつのとのとりカ〕　神仏さう事ニよろし
〔廿八日　かのえいぬカ〕　さう事ニよし
廿九日　かのとのゐ　かむ日　けこ日　ちう日
下しきさるの時

十一月

十一月　大　土公にはにあり

一日　みつのえね　はせんのはしめ　くゑ日　ふく日
二日　みつのとのうし　くゑ日　きこ日
三日　きのえとら　さう事物たつによし
四日　きのとのう　神さう事ニよし
五日　ひのえたつ　神さう事ニよし　ふく日
六日　ひのとのみ　くゑ日　ちう日
七日　つちのえむま　神さう事ニよし
八日　つちのとのひつし　さう事ニよろし
九日　かのえさる　神によし
十日　かのとのとり　十一月せち　神さう事ニよし
十一日　みつのえいぬ　さう事物たつによろし
十二日　みつのとのゐ　さう事ニわろし　ちう日　ふく日
〔十三日〕□〔きカ〕のえね　さう事ニよろし
〔十四日〕□〔きのとのうしカ〕　神さう事物たつによし　下しきとりの時

〔十五日〕□〔ひのえとらヵ〕□ろし　□〔物ヵ〕つによし

145【十二月廿四日至廿六日裏】　○罫線有リ、146号ヨリ続ク

〔廿七日〕□〔ひのとのひつしヵ〕　神さう□〔事ヵ〕物たつによし　けこ□〔日ヵ〕
仏ニよろし
〔廿八日〕□〔つちヵ〕のえさる　二□〔月ヵ〕中　神によし
(頭書)ほう□うし
廿九日　つちのとのとり　仏ニよし

三　月　大　とくかまにあり
(頭書)□う大し」□つとたう」二月たう
一日　かのえいぬ　ひかんのはしめ　さう事ニよし　下しきねの時
(頭書)□うふくしこん」たう」□うこんたう」□いこんたう」□んゐんたう　しきたう　かうたう　すみてら
二日　かのとのゐ　神さう事ニよし　ちう日　ふく日
仏ニよろし
(頭書)ひのり□」□〔ミヵ〕むろ□」れん花わうゐん
三日　みつのえね　はせんのはしめ　神さう事物たつニよし
四日　みつのとのうし　かむ日
五日　きのえとら　さう事によし　きこ日
六日　きのとのう　くゐ日　ふく日

七日　ひのえたつ　神さう事物たつによし
八日　ひのとのミ　さう事によし　ちう日
九日　つちのえむま　神さう事によし
十日　つちのとのひつし　神さう事によし　けこ日
十一日　かのえさる　神によし
十二日　かのとのとり　くゑ日　ふく日
十三日　□□《みつカ》のえいぬ　さう事物たつによろし
下しきねの□〔時カ〕
〔十四日　みつのとのゐカ〕□　三月せち　くゑ日　ちう日
〔十五日　きのえねカ〕□　くゑ日　きこ日

146【十二月廿六日至廿八日裏】　○罫線有リ、147号・本号・145号ト続ク

〔六日　かのえいぬカ〕□　さう事にわろし
〔七日　かのとカ〕□のゐ　さう事ニよろし　ちう□〔日カ〕
八日　つちのえね　神さう事ニよし

嘉禄三年仮名暦
二月

九日　つちのとのうし　　神さう事ニよし　きこ日　けこ日
十日　かのえとら　　さう事によし　ふく日
十一日　かのとのう　　くゑ日
十二日　みつのえたつ　二月せち　さう事にわろし
十三日　みつのとのミ　　さう事物たつによし　ちう日
（頭書）□た」□」□たう
十四日　きのえむま　　神さう事物たつによし
□〔十カ〕五日　□〔きカ〕のとのひつし　　物たつによろし　けこ日　ふく日
十六日　ひのえさる　　神によし
十七日　ひのとのとり　　もつ日
十八日　つちのえいぬ　　さう事ニよろし
下しきねの時
十九日　つちのとのゐ　　神さう事ニよし　ちう日
廿日　かのえね　　神さう事ニよし
廿一日　かのとのうし　　かむ日　ふく日
（頭書）し□たう」中山
廿二日　みつのえとら　　仏さう事物たつによし　きこ日

〔廿三日　みつヵ〕□のとのう　さう事によろし
〔廿四日　きのえたつヵ〕□　神さう事物たつによろし　仏ニ□〔よヵ〕し

147【十二月廿八日至廿九日裏】　○罫線有リ、146号ニ続ク

嘉禄三年仮名暦
正月

〔十六日　ひのえとらヵ〕□　□□□□〔仏によろしヵ〕　さう事物たつによし
〔十七日　ひのとのうヵ〕□　神さう事物たつニよし　仏ニよろし
〔十八日　つちヵ〕□のえたつ　かむ日
（頭書）「いなり」「きをん」よした　いまひえ　いはかミ
十九日　つちのとのミ　神さう事ニよし　ちう日
廿日　かのえむま　神仏さう事物たつによろし　ふく日
廿一日　かのとのひつし　神さう事ニよし　下しきゐの時
廿二日　みつのえさる　神によし
廿三日　みつのとのとり　神仏さう事ニよし
廿四日　きのえいぬ　物たつによろし　ふく日
廿五日　きのとのゐ　さう事にわろし　ちう日

廿六日　ひのえね　さう事物たつによろし
（頭書）□たの大しやうくんたう」□□し」□り□き」□りたう
廿七日　ひのとのうし　正月中　神さう事によし　きこ日　けこ日
仏ニよろし
廿八日　つちのえとら　仏さう事ニよろし
廿九日　つちのとのう　神さう事ニよろし
卅日　かのえたつ　かむ日　ふく日

二　月　小　とくかまにあり

一日　かのとのミ　さう事物たつによろし　ちう日
（頭書）□り
〔二日　みつカ〕□のえむま　めつ日
〔三日　みつのとのひつしカ〕□　仏さう事によろし
下しきゐの時
〔四日　きのえさるカ〕□ろし　ふく日

大治五年秋冬巻

行幸供奉人交名

148【十月十一日至十三日裏】○宿紙

次以下散（書止カ）

十三日行幸

来十三日　行幸

近衛次将以下散状

宗平（藤原）朝臣　実持（藤原）ーー

家定ーー　隆盛（藤原）ーー

実清（藤原）ーー

右権少将経忠カ請文

祇園御霊会馬長

149【十月十三日裏】

（端裏書）「□忠故障」

祇薗（山城国）御霊会馬長」事、故障候之間、難騎」□（進カ）候也、以此旨可然之様、」可令披露給之状

如件、

五月廿四日　右権少将経□〔忠カ〕

行幸供奉人交名土代カ
十三日行幸

150【十月十三日裏】　○宿紙、書止カ、幸字試書七文字有リ

来十三日行幸近衛

来十三日行幸

某書状
十三日行幸

151【十月十四日至十六日裏】　○宿紙、書止

来十三日　行幸」出車、御領状真実」□〔公〕平候、還御□時者、可□」相催他人候、於十三日□」早可令進給□」所被（以下空白）

文章博士大江周房請文
十三日行幸

152【十月十六日裏】

（端裏書）「□□□故障」

来十三日　行幸出」車事、此間一車□□」□□被成候、仍不能進候」也、可令得御意給之」状如件、

六月六日　文章博士周房〔大江〕

行幸供奉人交名

153【十月十六日至廿二日裏】　○宿紙

（前欠）

右新中将　新少将

右中将　左中将

大炊中将

〃〃三条少将（中将）　左藤少将

行幸散状

行幸散状

近衛将

■〃〃中将

（源）資雅｜｜　（源）実俊｜｜

（源）有教｜｜　（藤原）資季｜｜

（藤原）隆経｜｜　（藤原）親保｜｜

右少将藤原兼輔請文

154【十月廿二日至廿四日裏】

十三日行幸

（端裏書）
「□□（兼輔カ）朝臣所労」
来十三日　行幸」供奉事、謹奉候了、」但聊所労事候也、」以此旨可令披露給之」状如件、

六月七日　　　　右少将兼輔（藤原）

某書状追而書

155【十月廿四日至廿七日裏】　○宿紙、書止

逐言上、

船破損

船破損之間、令加」修理候、材木忩々」可令進之由」殊□（以下空白）

左中将藤原宗平請文

156【十月廿七日至廿九日裏】

（端裏書）
「宗平朝臣故障」

祇園御霊会馬長

祇園（山城国）御霊会馬長」可騎進之由、承候了、」但難治故障等候也、」仍難申領状候、得此」意可然之様、可令披」露給之状如件、

五月廿四日　　　　左中将宗平（藤原）

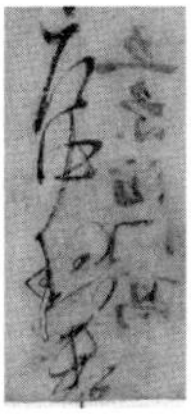

某書状追而書

157【十月廿九日裏】　○宿紙

十四日還御行幸

逐啓、
還御十四日夕□□〔以後カ〕」可有御供奉候、兼又」両少納言□〔先カ〕令催申」候之処、共所労云々、」
重謹言、

高階業時請文

祇園御霊会馬長

158【十月廿九日裏】
（端裏書）「業時故障」
（山城国）祇薗御霊会馬長」可騎進之由、謹承候了、」但旁無術故障候之間、無」左右難申領状候、
以此趣」可然之様、可令披露給候、恐惶謹言、
五月廿七日　高階業時請文

某書状追而書

159【十月廿九日裏】　○宿紙
（端裏書）「□□□□」
逐言上、

船破損

船破損過法候」間、令加修理候、

某書状追而書
祇園御霊会馬長

160【十月廿九日至十一月二日裏】

逐申、
馬長事、無術子□（細カ）」候之間、猶難9申領状□（候、カ）」可然之様、必々可有□」披露候、重恐々
〔謹言、カ〕□

左少将某請文
十三日行幸

161【十一月二日至四日裏】

（端裏書）「領状」
来十三日　行幸、可令」供奉之由、謹承了、但」聊相労事候之間、無」左右不能申領状、若」扶得候者、早可令供奉之状、」所請如件、

六月十日

左少将□

草部近弘請文

162【十一月四日裏】

今間可令参之由、畏以奉候」了、但此間所労候、不及出仕候」之間、難参内候、可召進重弘」可被仰下哉候覧、得此」□意、可然之様、可令申」上給候、近弘恐惶謹言、

六月十二日

草部近弘

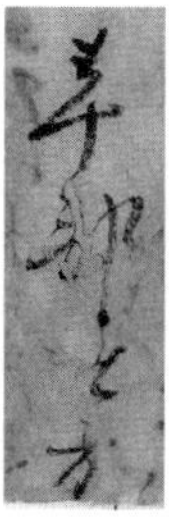

藤原家季請文
十三日行幸

163【十一月四日至五日裏】

（端裏書）
「□□（家季カ）朝臣□（黄カ）牛」

来十三日　行幸」出車可令進之由、」謹以□□□□□□（承候了、但此カ）」堅固□（黄カ）牛事候モ、雖」今度許
内々得御心、」可令催除給候、恐々謹言、

六月七日　家季（藤原）

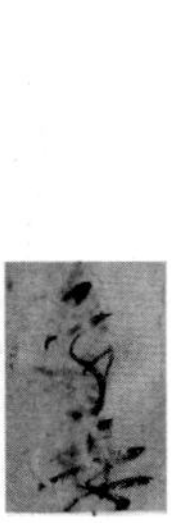

某書状
十三日行幸

164【十一月五日至八日裏】○宿紙

来十三日　行幸出車」御領状、真実公平候、」於十四日者誠難治、依□」御参上、可相
催他人、」十三日可令進給」候、

右少将藤原頼氏請文
十三日行幸

165【十一月八日裏】

（端裏書）
「□」

来十三日　行幸可令」供奉之由、謹承候了、」但脚気所労、猶以無」術候、扶得候者可
令」供奉候、以此旨可令」披露給之状如件、

六月九日　右少将頼氏（藤原）

某書状
祇園御霊会馬長

166【十一月八日至九日裏】　○宿紙、書止

馬長事、六位散状」如此候、当時領状一人、」□□」兼又繁茂（平）・懐国（藤原）軽服」云々、童騎進事、」雖為（以下空白）

右少将藤原隆経請文
十三日行幸

167【十一月九日至十日裏】

（端裏書）「隆経朝臣所労」

来十三日可有　行幸、」右大将（藤原実氏）亭可令供奉之」由、謹承候了、但近日脚気」所労更発候之間、如当時」不及出仕候、仍難申領状□（候、カ）」以此趣可然様、可令計披露」給之状如件、

六月七日（寛喜二年）　　右少将隆経（藤原）

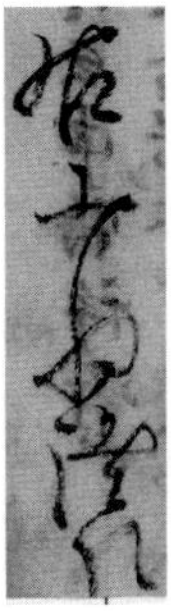

某書状追而書
十四日還御行幸

168【十一月十日裏】　○宿紙、端裏書残画有ルカ

逐言上、

還御十四日夕□」□可有御□□（供　奉カ）」候、重謹言、

侍従藤原能定カ請文

169【十一月十日裏】

祇園御霊会馬長

（端裏書）
「□故障」

祇薗（山城国）御霊会馬長」可令騎進之由、謹奉候了、」但難治故障候、仍難騎□（進）」候、内々可然
之様得御意、可令」披露給之状如件、

五月廿四日　　侍従□□（能定カ）

某書状カ

170【十一月十日至十二日裏】　○宿紙、書止

陪膳結番カ

明日昼番（以下空白）

関白九条道家御教書

171【十一月十三日至十四日裏】　○「関白殿」平出

半物車

来十三日　北政所（九条道家室藤原公経女）可有」御参中宮（後堀河天皇中宮九条道家女）候、半物」車、如□□□可令□」給之由、」関白殿（九条道家）仰
如此、謹言、

六月十一日　　維長（源）

新蔵人殿（源康長カ）

陪膳結番交名

172【十一月十五日裏】　○宿紙

（前欠カ）

師季一夕・三夕・四・五夕・六・七夕・十四日・十五 日十二・夕三
（源）十七・廿四・廿七・廿九
信実三・九・十四・十七・廿四　日五
（藤原）実任三・四・五・八・十一・十三・十五・十六　日九・夕一
（藤原）夕十八
雅継三夕・四・五・十・十三・十四・廿九
公（藤原）卅　日八・夕一
■員三夕・廿一・廿四・廿五　日四・夕一
（藤原）定平夕四・十四・十九・廿一・廿二・夕廿三・廿九
（藤原）卅　日八・夕二
宗明四・五・十二・十四・十七・廿一・廿九　日七
（藤原）定兼六夕・七・十二・十三・廿三・廿八
（藤原）日七・夕一
隆綱七・十二・十四
（藤原）実蔭七夕・八夕・十八・廿五夕・廿六
（藤原）忠高八・十一・廿九
家定九・十一
（藤原）経行十夕・廿一

（藤原）光俊一・七　日二
（平）知宗三・十三・十四・廿三・廿七・廿九　日六
有教三・夕四・十四・夕十八・廿九　日五・夕二
（源）頼行三夕・四夕・五・十三　日四・夕二
（藤原）頼俊夕四・十一・十二・廿一　日四・夕一
（藤原）実直五・六・十三夕・十四夕・十五・廿・
廿四・廿六・卅　日八・夕二
（藤原）時綱六・十三・十八・廿四・廿九　日五
（藤原）実文六夕・七・十四
周房七夕・八・十七・廿五夕・廿六
（大江）実持八夕・九夕・十夕・十一・十三・十四・
十六夕・卅
（藤原）□範八・卅夕
（隆カ）実清九
（藤原）能定十一・廿四
（藤原）

光資（藤原）十一・十三・十六・廿三
親氏（藤原）十二（夕十二夕）夕三■・十三
兼輔（藤原）夕十八・十九
兼宣（藤原）夕十八・廿三
経賢（藤原）十九・廿七（八）
信時（藤原）廿三
経俊（藤原）卅

能忠（藤原）十二・十七・廿九
時兼（平）十七・廿九
資俊（源）夕十八
頼氏（藤原）十八・廿二・夕廿三・廿五・廿八
家季（藤原）十一・廿六
行能（藤原）廿五
親季（藤原）十四・卅夕

某書状追而書

173【十一月十五日至十七日裏】

逐申、
　猶々可然之様、内々」令披露給也、

左近将監源兼綱ヵ書状

174【十一月十七日至十八日裏】　○宿紙

（端裏書）
「兼□（綱ヵ）故障」

祇園御霊会馬長

祇園御霊会馬長（山城国）」任例可令騎進之□（由、ヵ）」謹以承候了、但□□」殊難治故障候也、可」然之

様、可令計披露」給、恐々謹言、

五月廿六日　　　左近将監兼□〔綱カ〕

前三河守藤原経季カ書状
十三日行幸

175【十一月十八日至十九日裏】

来十三日　行幸出車」事、謹承候、但一車破」損事候、仍難申領状候、」以此旨可然之様、
可令計披」露給候、謹言、

六月八日　　　前参川守□□〔経季カ〕

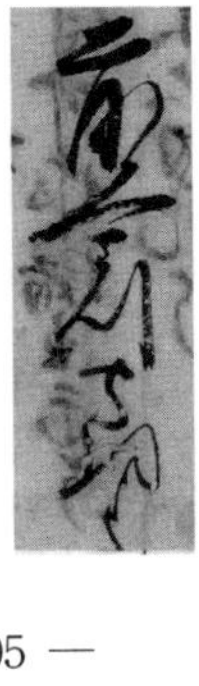

某奉書
桂供御人訴訟

176【十一月十九日裏】　○宿紙

（端裏書）
「□□」

桂〔山城国〕供御人訴訟事、」令触申貫首之処、如」被示遣、然者可相触他職」歟、但二条中納言〔藤原定高〕
已被」遣御教書於六波羅云々、」此上事早可被相□〔触カ〕」歟、仍執達如件、

五月十四日

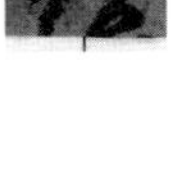

三藹大納言殿

某書状追而書

177【十一月十九日至廿二日裏】

（端裏書）「□所労」

逐申、

真実無術故障」候也、猶々可令得□□」謹言、

源康長ヵ書状
十三日行幸

178【十一月廿二日至廿五日裏】○宿紙

来十三日　行幸」出車御領状真実□」於十四日者、可令相催」他人候、十三日必可令」
進給候也、恐惶謹□（言）

六月八日　　康□（長ヵ）

謹上　前民部少輔殿（平親高ヵ）

右兵衛権佐源定具ヵ請文
十三日行幸

179【十一月廿五日裏】

来十三日　行幸、可」供奉候之処、聊故」障候、得此御意、可」然之様、可令披露給之
状」如件、

六月七日　　右兵衛権佐（源定具ヵ）□

某書状カ
十三日行幸カ

180【十一月廿五日裏】○宿紙、書止

来十三日可有」□（以下空白）

藤原実俊書状
追而書

181【十一月廿五日至廿八日裏】

（端裏書）
「実俊（藤原）朝臣軽服　□」

猶申、

自去四日、罷成軽服候、」且悲歎入候也、必々可然之」様、可令計披露給候、

某書状

182【十一月廿八日至十二月一日裏】

例の折事なとや承候了、」不審こそ候へ、

昨今何事候哉、未停□」日数、積鬱已如山如岳、」毎事彼愚書事の□」多候、就中還書之後、毎」夜明月之間、池上橋辺」其興被察、志潜通候者」也、今日可帰参之由、相存」候之処、心神違例、無術」覚候之間、猶予候也、企身」□奉公偏候、頗私之勤候□」（後欠カ）

某書状

183【十二月一日至二日裏】　○端裏書残画有ルヵ

任先例可蒙仰候」也云々、

行幸歩走の武士等例の如し

門堅の武士昼夜候ずべきか

雖須企参上申候、御忩々」候歟之由相存候て、捧愚札候也、」抑今夕　行幸候之間、かち」はしり・門堅の武士如例、」自此御方御沙汰□□□〔也、而私ヵ〕承」候者、明日御逗留候《に》て御坐□」云々、さ様ニ候は、、門堅の」武士ハ昼も候へきニて」候やらん、又見苦候て、夜」許にて候へきやらん、」御計候て可蒙仰歟、猶々」（後欠）

某書状追而書

184【十二月二日至四日裏】

逐申、

所労未得扶候之間、無左右」不申領状候、然而真実無人」候者、可構参□怠」給候、

右中将某請文

185【十二月四日至七日裏】

（端裏書）「□朝臣所労」

十三日行幸

来十三日　行幸」供奉事、謹奉畢、但自去四月之比脚」気更発、如当時者」不能出仕之

間、難申」領状、可然之様、可令計披」露給之状如件、

六月十日　　　右中将□

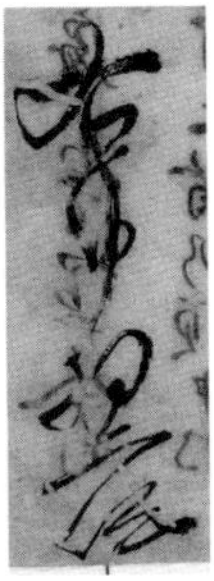

左少将某請文

186【十二月七日至八日裏】

（端裏書）
「□□朝臣当時所労□（扶カ）得候者可供奉」

十三日行幸

来十三日可有　行幸、」可令供奉、□候旨、」□以書候了、但□」痛更発無術候也、期」日以前得減者、必可」令供奉之状如件、

六月二日　　　左少将□□

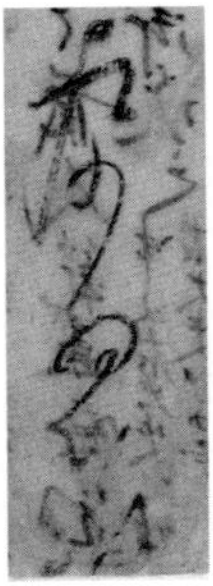

侍従某請文

187【十二月八日至十二日裏】

（端裏書）
「□故障」

十三日行幸

行幸出車事、謹」承候了、但今度無」術故障候、以此旨」可然之様、可令披」露給之状如件、

六月七日　　　侍従□□

少納言藤原兼宣カ請文

188【十二月十二日裏】

（端裏書）
「□□所労」

十三日行幸

来十三日　行幸供奉」事、所労猶不快候之間、」難叶候、新熊野（山城国）六月□（会カ）」可参行候之間、
□□□也、」且去一日御方違　行幸、」相扶参候之処、始終不祇候、」早々給平臥了、無
其隠候也、」可然之様、可令計披露給、」恐々謹言、

六月七日　　少納言兼□（宣カ）

源康長書状

189【十二月十二日裏】

陰陽頭（賀茂在俊）如此令申候、」然者国道（安倍）助にて候へハ、」可相催候乎、」自　殿下（九条道家カ）出車被召候」也、
何様可□」恐惶謹言、

六月二日　　康長（源）

判官代殿

某書状追而書

190【十二月十二日至十六日裏】

逐申、

行幸

近日行幸、毎度国道(安倍)一」人勤仕候、難堪之次第」候、就中去朔日□」朝臣分候、国道勤仕候、」彼朝臣今度定存」知候歟、早可被召候、」重謹言、

菅原高正書状

祇園御霊会馬長

191【十二月十六日裏】

馬長事、子細難尽帋上、」仍早可参入言上候也、今」明必々参内候也、且可」得其御意

□

五月廿二日　　菅原高正□

兵部卿藤原経賢カ請文

十三日行幸

192【十二月十六日至十九日裏】

来十三日　行幸」出車、可令献候之処、」難去故障□

六月八日　　兵部卿(藤原経賢カ)（花押）

源兼綱書状

神今食

193【十二月十九日至廿一日裏】

今日神今食、明旦解斎」御手水等事、令申候之様に」可有申御沙汰候、必可参」候之処、境節恐入候、必々無」懈怠可有御沙汰候、且如此事」相□事候歟、随今日之躰、明」日

可令参内候也、一身御祇候」奉察候、」抑先日芳約寒氷一果□」廻季可申請候也、毎事
非」見参者、難尽筆端候、恐々」謹言、

六月十一日　　(源)兼綱

(切封)ー　ー

(源康長カ)新蔵人殿　　兼綱

左少将基長カ請文
十三日行幸

194【十二月廿一日至廿二日裏】

来十三日可有　行幸」之由、謹以承候了、但持明」院殿祇候之間、暫座穢」事候、以此
旨可□」可有御披露之状如件、

六月十日　　左少将基〔長カ〕□

左少将源資俊カ請文
祇園御霊会馬長

195【十二月廿二日至廿四日裏】

(端裏書)「　朝臣故障」

(山城国)祇園御霊会馬長、」任例可騎進事、無」術子細等候□」領状候也、以此□」可令
披露給候、謹言、

五月廿四日　　　　左少将□□〔資俊ヵ〕

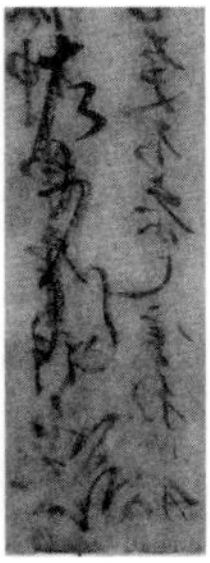

某書状追而書

196【十二月廿四日裏】

逐啓、

六位之身、雖無指公事、」于今不候祇候哉、勿論候、」但所労之躰、無其隠候歟、」然而数日籠居、其恐候之」間、一日相扶出仕候之後、」更発候、仍当時又雖籠」居候、存外之懈怠候也、」然而度々御□□［　　］」候、不随身参者、明□□」可示内々、重謹言、

某書状ヵ
内裏門守護

197【十二月廿四日至廿六日裏】　○宿紙、書止

明日門守護事、」以□（以下空白）

左少将源資俊ヵ請文
十三日行幸

198【十二月廿六日裏】

来十三日可有　行幸、可」供奉之由事、当時無左右」難申領状子細候也、可然□〔之ヵ〕」様、可令披露給候、謹言、

六月七日　　　　左少将□□〔資俊ヵ〕

後堀河天皇綸旨
十三日行幸

199【十二月廿六日至廿七日裏】〇宿紙、書止、「天気」平出

来十三日可有」行幸、可令供□〔奉ヵ〕」給者、依」天気言上如件、

〇十二月廿七日至廿八日裏（一紙）端裏書残画・本文墨影有ルモ読メズ

源康長書状
陪膳結番

200【十二月廿八日至廿九日裏】〇宿紙

陪膳番、所被結」番候也、而今日即」御当番候、承御参」刻限可取具陪」膳候、恐惶謹
言、

六月九日　　　源康長

謹上　中御門少将殿〔藤原親氏ヵ〕

左少将某書状

201【十二月卅日裏】

（前欠）」者、必々□　□」恐々謹言、

六月九日　　　左少将□□

長承元年春夏上巻

周防国多仁荘田布施領百姓連署申状カ

202【目録裏】 ○216号ニ続クカ

跡無き在家の所当切出し免除を請う

承久三年預所代官橘内馬允在家検注す

本在家六宇亡失す

古帳目録に付け上洛す

(前欠)」□　□石四升可弁済之由、欲蒙御外題矣、

〔一、請被カ〕□裁免給、近年無跡在家所当面々切出、苛責難堪子細事、

右、謹案事情、去承久三年預所御代官橘内馬允、当君(後堀河天皇)御代之始、諸□」奉行之刻、作田畠在家等、可言上検注御下文明白也、先在家検注者、雑色□」次相副子細顕然也、而本在家八十余宇内六宇、依無跡形、百余日之間□」雖被捜尋、終付古帳目録、令上洛了、且　殿中御格勤有御尋、無其隠□」者歟、望請恩裁、蒙優免者、成安堵之思矣、

八講米用途の免除を請う

御願寺廃壊の後八講退転す

〔一、請被カ〕□裁免給、御寺御八講用途、苛責難堪事、

〔右、謹カ〕□検案内、於御八講米用途者、御庄立券已後、治承年中殊□」□院御仰崇、雖始御八講御、既御願寺破壊之後、御八講又退転□」非指自昔重色、望請為優民、蒙御裁報者、成安堵之思、仰正道之貴、

預所代官三日厨等の免除を請う
預所初任時任一度の三日厨を当任は下向毎度に課す

一、請被裁免給、預所御代官下向毎度三日厨并自去年加増、難堪事、
右、謹検先例、当御領者、預所御初任之時三日厨、一任一度、即日別一度□」
而当御任者、御代官下向毎度三日厨、難堪非儀也、就中去年七月□」□
□」（後欠）

摂津国租帳案三
西生郡

(1)

203【正月一日至十九日裏】　○各紙横界線有リ、207号・本号・208号ト続ク

神田捌段参拾貳歩　○前行〔西生郡〕・〔合仟佰捌拾玖町貳段参佰参拾参歩〕・〔不輸租田貳佰玖拾捌町捌段参佰拾歩〕脱カ
寺田佰陸拾漆町貳段
左衛門府田貳町参佰肆拾捌歩
右衛門府田参町貳佰玖拾歩
左近衛府田拾町
右近衛府田拾町
（大和国）興福寺田伍町伍段漆拾歩〔壹段貳佰玖拾歩カ〕
職写田佰町伍段漆拾歩

左京肆拾捌町伍段拾歩
右京伍拾壹町陸段貳佰捌拾歩
定田捌佰玖拾町肆段貳拾参歩
地子田壹町佰捌拾歩
祖〔租、以下同〕田捌佰捌拾玖町参段貳佰参歩
墾田佰貳拾肆町伍段参佰拾歩
郡司職田壹町肆段貳佰貳拾歩
一身田佰伍拾貳歩
位田貳段
功田漆町参佰伍拾陸歩
口分田漆佰伍拾貳町玖段佰肆拾伍歩
〔京戸田伍拾貳町貳段佰玖拾捌歩カ〕

(2)

左京拾玖町壹段
右京参拾参町壹段佰玖拾捌歩

土戸田漆佰町陸段参佰漆歩
不堪佃捌拾玖町佰肆拾陸歩
　地子田壹段拾捌歩
　祖田捌拾捌町玖段佰貳拾〔捌脱カ〕歩
堪佃捌佰壹町参段貳〔衍カ〕佰参拾漆歩
地子田玖段佰陸拾貳歩
応輸地子稲参拾玖束捌把漆分玖毛
祖田捌佰〔町脱〕肆段漆拾伍歩
例不参田貳佰肆拾町壹段玖拾肆歩
得田伍佰陸拾町貳段参佰肆拾〔壹脱カ〕歩
　応輸祖稲捌仟肆佰肆束肆把貳分捌厘
　雑散稲捌拾束　座摩神戸貳烟分
納官稲捌仟参佰貳拾肆束肆把貳分捌厘

嶋上郡

合仟佰陸拾町壹段佰参拾漆歩

不輸祖田肆佰漆拾玖町参段佰肆拾玖歩

神田玖段参佰参拾捌分〔歩〕

寺田貳佰捌拾町玖段貳佰伍拾歩

〔公廨田参町カ〕

(3)

陰陽寮田伍町

後院勅旨田貳拾町

職写田佰玖拾捌町漆段貳佰捌拾歩

左京玖拾玖町陸段貳佰捌〔拾脱〕分〔歩〕

右京玖拾玖町壹段

定田陸佰捌拾町漆段参佰肆拾捌分〔歩〕

官田佰玖拾町陸段参佰伍拾肆分〔歩〕

右依省符造別帳、

祖田佰〔肆脱〕捌拾玖町参拾壹分〔歩〕

博士職田貳町捌〔段脱〕佰捌拾分〔歩〕
右大臣職田陸町捌段
郡司職田拾貳町
位田佰貳拾漆町貳段捌拾伍歩
助教博士職田貳町
書博士職田貳町
一身田貳拾貳町陸段貳佰漆拾肆歩
移田捌拾貳町陸段貳佰漆拾肆歩
口分〔田脱〕貳佰拾壹町貳段参佰肆歩
京戸田佰拾壹町貳段参拾肆歩
左京伍〔拾脱〕町壹段
(4)
右京陸拾□〔壹〕町〔壹段参拾肆歩カ〕
不堪佃肆拾捌町玖段参歩　○前行〔土戸田佰町貳佰漆拾歩〕脱カ
堪佃肆佰肆拾町壹段参拾歩

例不参田佰参拾貳町佰拾漆歩
得田参佰捌町貳佰漆拾参歩
応輸祖稲肆仟陸佰拾壹束壹把参分

嶋下郡

合仟伍佰陸拾参町肆段佰貳拾参歩
不輸祖田肆佰参拾貳町捌段貳佰肆拾陸歩
神田貳町漆段伍拾捌歩
寺田佰参拾町壹段貳佰拾参歩
公廨田参町貳段
朱雀院勅旨田拾伍町
西大寺還入田貳拾肆町貳段参佰歩（大和国）
後院勅旨田参拾町
職写田貳佰貳拾町肆段佰貳拾壹歩
左京佰拾肆町漆段拾肆歩

右京佰漆町陸段貳佰漆歩
定田仟参拾〔佰脱〕町伍段貳佰参拾漆歩
〔官田陸拾肆町肆拾参歩カ〕

(5)

右依省符造別帳、
地子田壹町貳段乗足
祖田仟陸拾伍町貳段佰玖拾貳歩
左大臣職田貳町
右大臣職田参町貳段
郡司職田参拾壹町肆拾貳歩
住〔位〕田玖拾参町
博士職田貳町
一身田伍拾貳町貳佰陸拾捌歩
口分田漆佰玖拾捌町壹段参〔衍カ〕佰伍拾肆歩
京戸田肆佰肆拾肆町参段貳佰玖拾参歩

(6)

左京佰伍拾玖町捌段佰捌拾伍歩
右京貳佰捌拾肆町伍段佰捌歩
土戸田参佰伍拾参町漆段貳佰貳拾壹歩
不堪佃佰陸町陸段佰陸拾参歩
地子田壹段漆拾貳歩
祖田佰陸町伍段玖拾壹歩
堪佃玖佰伍拾玖町捌段貳拾玖歩
地子田壹町貳〔衍カ〕段佰捌拾捌歩
応輸地子稲肆拾伍束伍把漆分陸毛
祖田□〔玖佰伍拾カ〕捌町漆段佰参□〔歩〕
例不□〔参〕田貳佰捌拾漆町陸段陸拾陸歩
得田陸佰漆拾壹町壹段参拾捌歩
応輸祖稲萬陸拾陸束陸把肆分陸毛
雑散稲肆拾束　新屋神戸壹烟

」

納官稲萬貳拾漆束陸把肆分陸毛

豊嶋郡

豊嶋郡

合仟伍佰貳拾捌町貳段佰肆拾捌歩

不輸租田陸佰漆拾貳町肆段佰貳拾陸歩

神田肆町漆段漆拾肆歩

寺田佰貳拾伍町壹段貳佰伍歩

勅旨田捌拾壹町貳佰〔段脱カ〕貳拾伍歩

朱雀院勅旨田貳拾町

公廨田陸町陸段

後院勅旨田貳拾町

伝法院田参拾漆町佰貳拾捌歩

（山城国）神護寺田陸町

東大寺領細原荘

（大和国）東大寺細原庄田漆拾玖町漆段佰歩

（大和国）興福寺施入田漆町

(7)

職写田貳佰捌拾貳町佰捌拾歩
　左京□□〔佰参カ〕拾□〔伍カ〕町佰捌拾歩
　右京佰肆□〔拾カ〕漆町
定田捌佰伍拾町捌段佰貳拾貳歩
　官田佰貳拾貳町漆段伍歩
　右依省符造別帳、
地子田貳町捌段佰捌拾歩
　乗田壹町捌拾歩
　得度者田壹町捌段
祖田漆佰参拾町伍段貳佰貳拾捌歩
　右〔左〕大臣職田伍町
　品田壹町
　天文博士職田壹町
　位田肆拾貳町

」

助教博士職田壹町

旧勅旨田漆拾参町捌段拾〔捌脱カ〕伍歩

郡司職田貳拾参町漆段捌拾伍歩

高陽院〔山城国〕田陸町壹段佰歩

一身田拾肆町捌段貳佰貳拾壹歩

神田肆段

賜田貳拾壹町貳段捌拾貳歩

口分田伍佰陸拾陸町捌段肆拾壹歩

京戸田貳佰拾漆町肆段佰〔貳脱カ〕拾捌歩

左京佰拾壹町漆段

(8)

「□」〔右京佰伍町陸段貳佰拾捌歩カ〕

土戸田参佰肆拾玖町参段佰捌拾参歩

不堪佃漆拾参町参段佰〔肆脱カ〕拾捌歩

地子田貳段参佰陸歩

」

祖田漆拾参町貳佰貳歩

堪佃陸佰陸拾町貳段佰伍拾玖歩

地子田貳町伍段貳佰参拾肆歩

応輸地子稲佰捌束貳把肆分参毛

祖田陸佰伍拾漆町伍段貳〔拾陸脱カ〕歩

例不参田佰玖拾漆町貳〔段脱カ〕佰捌拾漆歩

得田肆佰陸拾町貳段佰玖拾捌〔玖カ〕歩

応輸祖稲陸仟玖佰参束捌把貳分伍毛陸厘

雑散稲捌拾束　垂水神戸貳烟分

納官稲陸仟捌佰貳拾捌〔参カ〕束捌把貳分伍毛陸厘

河辺郡

合仟〔伍脱〕佰陸拾町陸段佰参〔拾脱〕漆歩

不輸祖田陸佰捌拾貳町玖段参佰伍歩

神田参町

寺田佰捌拾町伍段肆拾歩
大覚寺（山城国）田貳拾町参段佰捌拾歩
惇独田佰貳拾陸町伍段漆拾歩
」

(9)

□□□拾□□
国司公廨田貳町
後院勅旨田拾町
四天王寺（摂津国）荒蒔地子（マヽ）貳拾玖〔町脱〕段貳佰漆歩
同寺功久良地貳拾町
同寺丹波田開田拾壹町壹段漆拾陸歩
職写田貳佰伍拾捌町漆段捌拾漆歩
　左京佰参拾壹町貳段貳佰伍拾歩
　右京佰貳拾漆町肆段佰玖拾漆歩
定田捌佰漆拾漆町陸段佰玖拾貳歩
　官田佰拾漆町伍段貳佰拾参歩
　　右依省符造別帳、

地子田壹町佰捌拾歩
祖田漆佰拾玖町佰伍拾玖歩
左大臣職田参町
助教博士職田壹町
算博士職田壹町
品田陸町
高陽院田拾肆町壹段参佰拾歩
位田貳拾漆町
郡司職田拾肆町玖段佰漆拾歩
一身田拾捌町壹段貳佰貳拾陸歩
墾田佰拾捌町壹段貳佰貳拾陸歩
口分田伍佰貳拾陸町肆段肆拾歩
京戸田漆〔佰陸拾脱〕町貳段貳佰陸拾歩
左京佰拾町貳佰陸拾歩
(10)

右京伍拾漆町貳段
土戸田肆佰拾玖町壹段佰肆拾歩
不堪佃漆拾陸町参拾肆歩
地子田壹町拾〔段カ〕捌歩
祖田漆拾伍町拾陸歩
堪佃陸佰捌拾肆町参佰伍歩
地子田玖段佰陸拾貳歩
応輸地子稲参拾玖束捌把漆分玖毛
祖田陸佰捌拾参町壹段佰肆拾参歩
例不参田貳佰肆町玖段佰伍拾壹歩
得田肆佰漆拾捌町壹段参佰伍拾貳歩
応輸祖稲漆仟佰陸拾束玖把陸分陸毛肆厘
雑散稲仟貳佰肆拾束　大神神戸参拾壹烟分
納官稲伍仟玖佰参拾〔貳カ〕束玖把陸分陸毛肆厘

武庫郡
合田仟参佰玖拾伍町佰参拾壹歩
不輸祖田肆佰陸拾貳町漆段貳佰玖拾壹歩
神田拾町貳段佰拾肆歩
寺田佰参拾伍町陸段玖拾歩
国司公廨田壹町
(11)右馬寮□町玖段佰□
惸独田貳拾参町陸段佰漆拾玖歩
職写田貳佰漆拾漆町貳段貳佰漆拾陸歩
左京佰参拾貳町貳段
右京佰肆拾伍町貳佰陸拾陸歩
定田玖佰参拾貳町貳段佰玖拾捌歩
地子田捌町陸段陸拾歩
得度者田壹段〔佰脱〕陸〔捌〕拾歩

乗田捌町肆段貳佰肆拾歩
祖田捌佰拾捌町捌段参拾貳歩
位田陸拾陸町伍段佰玖拾歩
郡司職田拾陸町貳佰肆拾歩
墾田佰伍拾貳町壹段佰肆拾捌歩
高陽院田拾捌町貳段陸拾歩〻陸歩
一身田肆拾伍町玖段貳拾陸歩
口分田伍佰伍拾伍町漆段貳佰伍拾貳歩
京戸田佰参町
　左京伍拾貳町
　右京伍拾壹町
土戸田肆佰拾肆町漆段貳佰伍拾貳歩
不堪佃捌拾陸町漆段佰伍拾参歩
　地子田捌段貳佰貳拾貳歩

祖田捌拾伍町捌段貳佰玖拾壹歩

〔堪佃漆佰貳拾町陸段貳佰玖拾玖歩ヵ〕

(12)

地子田漆町漆段佰玖拾捌歩

応輸地子田〔衍〕稲参佰貳拾漆束貳把玖毛陸厘

祖田漆佰拾貳町玖段佰壹歩

例不堪〔参〕田貳佰参拾壹町捌段貳佰捌拾貳歩

得田伍佰肆拾壹町佰漆拾玖歩

応輸祖稲捌仟佰拾伍束漆把肆分伍毛陸厘

雑散稲貳仟佰貳拾束

広田神戸伍拾壹烟　祖稲貳仟肆〔拾脱〕束

名次神戸貳烟　祖稲捌拾束

納官稲伍仟玖佰玖拾伍束漆把肆分伍毛捌厘

菟原郡

不輸祖田佰伍拾壹町玖段参佰歩

神田貳町肆段参佰貳拾壹烟〔歩〕
寺田拾町参段佰漆拾漆歩
船瀬功徳田捌段参佰肆拾貳歩
職写田佰貳拾捌町貳段佰捌拾壹歩
左京漆拾肆町壹段
右京伍拾肆町壹段佰捌拾壹歩
定田伍佰肆拾町伍段貳佰参拾漆歩
官田伍拾貳町肆段伍拾肆歩
地子田［　　　　　　］〔貳町捌段貳佰肆拾歩カ〕
得度者田壹段佰捌拾歩
(13)
乗田貳町漆段陸拾歩
祖田肆佰捌拾壹町貳段貳佰肆拾参歩
位田参町伍段陸拾漆歩
郡司職田拾貳町

一身田拾貳町貳佰伍拾歩
墾田漆拾町伍段参佰肆拾歩
口分田参佰捌拾参町参佰参歩
京戸田佰参町肆段伍拾漆歩
右（マヽ）京参拾陸町肆段貳佰捌拾伍歩
左（マヽ）京陸拾陸町玖段佰漆拾貳歩
土戸田貳佰漆拾玖町漆段貳佰肆拾漆歩
不堪佃肆拾捌町肆段肆拾捌歩
地子田貳段参佰拾貳歩
祖田肆拾捌町壹段玖拾陸歩
堪佃〔肆脱〕佰参拾伍町漆段〔陸脱〕拾伍歩
地子田貳町伍段貳佰捌拾捌歩
応輸地子稲佰捌束捌把漆分陸毛
祖田肆佰参拾参町壹段佰肆拾漆歩

例不堪田佰〔参〕町壹段参佰伍拾伍歩
〔得田参佰貳拾玖町玖段貳佰伍拾貳歩ヵ〕

応輸祖稲肆仟伍佰肆拾漆束玖把漆毛玖厘

雑散稲仟束

住吉神戸拾陸烟　祖稲陸佰肆拾束

佐牙神戸玖烟　祖稲参佰漆拾束

納官稲参仟伍佰肆拾漆束玖把捌分玖厘

(14)

八部郡

八部郡

不輸祖田貳佰拾陸町壹段伍拾捌歩

神田参町肆段佰捌歩

寺田漆拾玖町陸段佰玖拾歩

船瀬功徳田参町貳段伍拾壹歩

造船瀬料田貳拾壹町捌拾壹歩

郡司職田漆町

職写田佰捌町玖段参佰参歩
右(マヽ)京伍拾町玖段佰貳拾歩
左(マヽ)京伍拾参町佰捌拾参歩
定田伍佰伍拾伍町伍段佰捌拾歩
官田肆拾貳町貳段貳佰肆拾歩
地子田参段　得度者二人分
祖田伍佰伍町陸段佰貳拾捌歩
　位田肆町伍段佰捌拾歩

(15)
郡司職田陸町
一身田捌町玖段
口分田肆佰伍拾捌町貳段佰漆拾貳歩
　京戸田捌拾貳(マヽ)町壹段
　　左京捌拾貳町壹段

右京壹町伍段佰捌拾歩

土戸田参佰漆拾肆町伍段参佰伍拾貳歩

不堪佃伍拾町伍段参佰参拾漆歩

地子田佰捌拾（衍）歩

祖田伍拾町伍段貳佰貳拾捌歩

堪田肆佰伍拾町参佰拾貳歩

地子田貳段貳佰伍拾貳歩〻歩

応輸地子稲拾壹束参把玖分肆毛

祖田肆佰伍拾伍町貳佰陸拾歩

例不堪〔参〕田参（衍）佰参拾陸町伍段漆拾捌歩

得田参佰拾捌町伍段〔佰脱カ〕捌拾貳歩

応輸祖稲肆仟漆佰漆拾捌束壹〔貳カ〕把伍分肆厘〔捌毛参厘カ〕

雑散稲参仟肆拾束

生田神戸肆拾肆烟　　祖稲仟漆佰陸拾束

長田神戸参拾貳烟　　　祖稲仟貳佰捌拾束

納官稲仟漆佰〔参脱カ〕拾捌束貳把伍分捌毛肆〔参カ〕厘

204【正月十九日至二月十五日裏】　○各紙横界線有リ

(前欠)

〔摂津国〕〔比売許曾神封戸壹烟〕□□□□□□□□　　□□〔丁肆カ〕

〔摂津国〕新屋神封戸壹烟　　丁肆

〔摂津国〕座摩神封戸貳烟　　丁捌

〔摂津国〕〔垂水神封戸壹烟〕　　〔丁カ〕

大神封戸参拾烟　　丁漆拾玖

〔摂津国〕広田神封戸伍拾壹烟　　丁肆佰参拾玖

〔摂津国〕名鋤神封戸貳烟　　丁陸

佐方神封戸玖烟　　丁(マヽ)

〔摂津国〕菟原住吉神封戸捌烟　　丁参拾玖　〔次脱カ〕丁壹

(2)

生田（摂津国）神封戸参拾肆　丁貳佰拾肆
長田（摂津国）神封戸参拾貳烟　丁佰伍拾陸
神社封戸捌烟　丁肆拾陸
定納官丁
輸調乾元銭
薦仟伍佰貳拾張　丁仟捌拾
折薦貳（仟脱カ）拾張　丁陸佰捌拾
葉薦仟（衍カ）伍佰枚　丁肆佰
木器貳仟玖佰伍物　丁伍佰貳拾伍
明櫃拾　丁拾貳
大明櫃貳佰肆拾伍合　丁佰拾漆　次丁壹
麻笥参合　丁壹　次丁壹
円笥佰貳拾肆合　丁拾漆
小明櫃佰捌拾肆合　丁参拾

折櫃仟貮佰玖玖〔衍〕拾陸合　丁貮佰伍拾玖
坂笥陸佰参合　丁貮拾肆
大笥肆佰伍拾合　丁陸拾肆
〔陶器肆佰壹口　丁拾漆カ〕
脚短坏肆拾陸　丁参
荒坏貮佰漆拾貮口　丁捌
麁〔斎〕坏漆拾口　丁壹　次丁壹
炉盆肆口　丁貮
水垸参拾玖口　丁参
鍛治〔冶、以下同〕戸調丁参拾玖　次丁壹
輸銭漆佰玖拾文

(3)
住吉郡
管郷
大帳定課丁

物除散丁

　輸調乾元銭

大帳後死丁

　免調銭

例損戸〔丁脱〕

　免調銭

（摂津国）住吉神封戸伍拾烟　丁貳佰肆拾肆　次丁壹

（摂津国）大依羅神戸　丁

（摂津国）難波大神戸　丁

比売許曾神戸壹烟　丁貳

座摩神戸壹烟　丁捌

新屋神戸壹烟　丁

垂水神封戸壹烟　丁

大神封戸　丁

広田神封戸　丁
〔名鋤神封戸壹烟　丁カ〕
佐方神封戸　丁
菟原住吉神封戸　丁
生田神封戸　丁
長田神封戸　丁
神社神封戸　丁
定納官戸丁
輸調乾元銭
薦
折薦
葉薦
木器貳佰物
陶器

(4)

」

鍛治戸調丁
輸銭
百済郡
百済郡
管郷
大帳定課丁
惣除散丁
輸調乾元銭
大帳後死丁
免調銭
例損戸〔丁脱〕
免調銭
大依羅神戸　丁
難波〔大脱〕神戸　丁
座□〔摩〕神封戸壹烟　丁

垂水神封戸壹烟　丁
大神封戸　丁
広田神戸　丁
□□□□□□□□
〔名鋤神封戸壹烟　丁カ〕
生田神封戸　丁
長田神封戸　丁
神社封戸陸烟　丁
(5)
定納官丁
輸調乾元銭
薦
折薦
葉薦
木器参佰物
鍛冶戸調丁

」

輸銭

東生郡

管郷

大帳定課丁

惣除散丁

輸調乾元銭

大帳後死丁

免調銭

例損戸丁

免調銭

大依羅神戸　丁

難波大神戸　丁

広田神戸　丁

生田神戸　丁

東生郡

〔長□田神戸　　　　　丁〕

定納官丁

輸調乾元銭

薦　　　　丁

(6)
折薦　　　丁

葉薦　　　丁

木器参佰物　丁

陶器

鍛治戸調丁

輸〔銭脱〕

西生郡

西生郡

管郷

大帳定課丁

惣除散丁

輸〔調脱〕乾元銭

大帳後死丁

免調銭　○次行〔例損戸丁〕・〔免調銭〕脱ヵ

大依羅神戸　丁

難波大神戸　丁　○以下221号と同内容

大神封戸　丁

広田神戸　丁

生田神戸　丁

長田神戸　丁

定納官丁

輸調乾元銭

薦

□〔折薦　丁〕

葉薦　丁

木器参佰物　丁

陶器　丁

鍛治戸調丁

輸銭

(7)

嶋上下郡

嶋上下郡

管郷

大帳定課丁

惣除散丁

輸乾元銭〔調脱〕

大帳後死丁

免調銭

例損戸丁

免調銭

大依羅神封戸　丁

難波大神戸　丁
大神封戸　丁
広田神戸　丁
生田神戸　丁
長田神戸　丁
定納官丁
輸調乾元銭
薦　丁
折薦　丁
葉薦　丁
木器弐佰物　□〔丁〕
陶器　丁
鍛冶戸調丁
輸銭

(8)

河辺郡

管郷

大帳定課丁

惣除散丁

輸調乾元銭

大帳後死丁

免調銭

例損戸丁

免調銭

大依羅大神戸　丁

難波神戸〔大脱〕　丁

大神封戸　丁

広田神戸　丁

生田神戸　丁

長田神戸　丁
定納官丁
輸調乾元銭
薦
折薦　丁
葉薦　丁
木器貳佰物　丁
陶器〔丁脱カ〕
□□□□□〔鍛冶戸調丁〕
輸銭
武庫郡
武庫郡
管郷
大帳定課丁
惣除散調〔衍〕丁
」

(9)

輸調乾元銭

大帳後死丁

　免調銭

例損戸丁

　免調銭

大依羅神戸　丁

難波大神戸　丁

広田大(衍)神戸　丁

生田大(衍)神戸　丁

長田大(衍)神戸　丁

定納官丁

輸調乾元銭

　薦　丁

折薦　丁

葉薦　丁
木器貳佰物　丁
陶器　丁
鍛冶戸調丁
輸銭

菟原郡

〔管郷〕

大帳定調〔課〕丁
惣除散調〔丁〕銭〔衍〕
輸調乾元丁〔銭〕
大帳後死丁
免調銭
例損戸丁
免調銭

菟原郡

(10)

大依羅神戸　丁
難波大神戸　丁
大神封戸　丁
広田神戸　丁
生田神戸　丁
長田神戸　丁
菟原住吉神〔戸脱〕陸烟　丁
定納官丁
輸調乾元銭
薦
折薦　丁
葉薦　丁
木器貳佰物　丁
陶器　丁

鍛治戸調丁

輸銭

八部郡　八部郡

管郷　○次行〔大帳定課丁〕脱ヵ

惣除散（衍）調丁

輸調乾元銭

大帳後死丁

免調銭

例損戸丁

免調銭

〔大依羅神戸　丁〕

難波大神戸　〔丁脱〕

大神封戸　丁

広田神戸　丁

生田神戸　丁

長田神戸　丁

定納官丁

輸調乾元銭

薦

(11)折薦　丁

葉薦　丁

木器貳佰物　丁

陶器　丁

鍛治戸調丁

輸銭

有馬郡

有馬郡

管郷

大帳定課丁

惣除散調(衍)丁
輸調乾元銭
大帳後死丁
免調銭
例損戸丁
免調銭
大依羅神戸　丁
難波大神戸　丁
大神封戸　丁
広田神戸　丁
生田神戸　丁
〔長田神戸　丁〕

定納官丁
輸調乾元銭

薦　」

(12)

折薦

葉薦

木器貳佰物

陶器

鍛冶戸調丁

輸銭

能勢郡

管郷

大帳定課丁　○次行〔惣除散丁〕脱カ

輸調乾元銭

大帳後死丁

免調銭

例損戸丁

免調銭
大依羅神戸
難波大神戸
大神封戸
広田神戸
生田神戸
長田神戸
定納官丁
輪調乾元銭
薦
〔折薦〕
葉薦
木器貳佰物
（後欠）

205【二月十六日至廿八日裏】　○各紙横界線有リ、217号ニ続ク

（前欠）

郷陸拾　神戸陸　余戸伍

管戸肆仟陸佰拾陸烟

戸仟参佰拾　不合差課

戸参仟〔参脱〕佰陸　合差課

管口漆萬捌仟肆佰漆拾肆

口陸萬捌仟漆佰貳拾漆　不課

口玖仟漆佰肆拾漆　課

口伍佰漆拾　中男

口佰漆　見不輸

口参仟玖佰拾貳　見輸

口参仟陸佰漆拾伍　正丁

口貳佰拾伍　老丁

口捌拾玖　　　残疾
口伍拾伍　　　神戸正丁
(2)口参仟捌佰伍拾陸　　　□〔官カ〕
口参仟伍佰伍拾陸　　　正丁
口貳佰拾伍　　　老丁
口捌拾陸　　　残疾
口捌佰漆拾　　　半輸
口漆佰貳拾参　　　正丁
口捌拾伍　　　残疾
口貳仟玖佰捌拾陸　　　全輸
口貳仟捌佰伍拾参　　　正丁
口佰伍拾参　　　老丁

住吉郡

住吉郡在国府、

管郷

合今年管戸肆佰参拾漆
戸佰肆拾漆　不合差課
戸貳佰玖拾　合差課
合今年管口萬伍仟陸佰玖拾伍
口萬参仟玖佰肆拾肆　不課
口仟漆佰伍拾肆（衍）壹　課

百済郡
管郷
合今年管戸伍佰玖拾漆　〔戸佰玖拾玖　不合差課カ〕

(3)

戸参佰玖拾捌　合差課
合今年管口貳萬貳仟佰肆拾伍
口貳萬玖拾　不課
口貳仟肆拾陸　課

東生郡

東生郡

管郷

合今年管口肆仟漆佰漆

口参仟玖佰拾肆　不課

口漆佰玖拾玖　課

合今年管戸佰漆拾肆

戸漆拾肆〔伍拾陸カ〕　不合差科〔課〕

戸佰拾捌　不差課

西生郡

西生郡在府、

管郷

合今年管戸肆佰参拾漆

戸佰肆拾漆　不合差課

戸貳佰玖拾　合差課

合今年管口萬伍仟陸佰玖拾伍

口萬参仟玖佰肆拾肆　不課
〔口仟漆佰伍拾壹　課カ〕

(4)

嶋上下郡

嶋上下郡
管郷
合今年管戸伍佰玖拾漆
戸佰玖拾玖　不合差課
戸参佰玖拾捌　合差課
合今年管口貳萬貳仟佰肆拾伍
口貳萬玖拾　不課
口貳仟肆拾陸　課

豊嶋郡

豊嶋郡
管郷
合今年管戸肆佰参拾漆
戸佰肆拾漆　不合差課

戸貳佰玖拾　合差課

合今年管口萬伍仟陸佰玖拾伍

口萬参仟玖佰肆拾肆　不課

口仟漆佰伍拾壹　課

河辺郡

河辺郡

管郷

合今年管戸伍佰玖拾漆

〔戸佰玖拾玖　不合差課カ〕

(5)

戸参佰玖拾捌　合差課

合今年管口貳萬貳仟佰肆拾伍

口貳萬玖拾　不課

口貳仟肆拾陸　課

武庫郡

武庫郡

管郷

合今年管戸佰漆拾肆
戸漆拾伍〔伍拾陸カ〕　不合差課
戸佰拾捌　合差課
合今年管口肆仟漆佰漆
口参仟玖佰拾肆　不課
口漆佰玖拾玖　課

菟原郡

管郷

合今年管戸肆佰参拾漆
戸佰肆拾漆　不合差課
戸貳佰玖拾　合差課
合今年管口萬伍仟陸佰玖拾伍
口萬参仟玖佰肆拾肆　不課
口仟漆佰伍拾壹　課

」

八部郡

八部郡

(6)管郷

合今年管戸伍佰玖拾漆

戸佰玖拾玖　不合差課

戸参佰玖拾捌　合差課

合今年管口貳萬貳仟佰肆拾伍

口貳萬玖拾　不課

口貳仟肆拾陸　課

有馬郡

有馬郡

管郷

合今年管戸佰漆拾伍〔肆カ〕

戸漆拾伍〔伍拾陸カ〕　不合差課

戸佰拾捌　合差課

合今年管口肆仟漆佰漆

口参仟玖佰拾肆　不課
口漆佰玖拾玖　課

能勢郡
能勢郡

管郷

合今年管戸肆佰参拾漆

戸佰肆拾漆　不合差課

戸貳佰玖拾　合差課

合今年管口萬伍仟陸佰玖拾□〔伍カ〕

□〔口萬参仟玖佰肆拾肆〕　　不課カ〕

口仟漆佰伍拾壹　□〔課カ〕

都合戸

(7)
都合戸廾〔仟〕貳佰捌

戸肆佰貳　不合差課

戸玖拾肆　八住〔位〕已上

戸伍拾　近衛府近衛

一五八

戸漆拾陸　耆老
戸参拾　左兵衛府兵衛
戸拾捌　位分資人
戸貳拾捌　右兵衛府兵衛
戸貳拾陸　諸司吏〔史〕生
戸拾捌　常陵戸（三嶋藍野陵カ）
戸貳拾陸　諸神祝
戸捌佰陸　合着〔差〕課

去年計帳見定

去年計帳見定大小口肆萬貳仟肆佰捌拾伍
口参萬漆仟玖佰肆　不課
口伍佰拾参　死亡
口貳佰貳拾肆　男
口佰拾壹　耆老
口佰拾参　小子並生益壹歳

口貮佰捌拾玖　　　　　女
口佰拾　　　　　　　　入課
　口佰玖　　　　　　　進中男
　口壹　損疾入丁
(8)
口参萬漆仟貮佰捌拾壹　　〔見　在カ〕□□
〔口肆佰伍拾壹　　　　　　　不合差課カ〕
　口貮拾参　　　　　　右兵衛府使部
　口貮　　　　　右衛門府使部〔門カ〕
　口参　　　　　同府使部
　口貮　　　　　左衛門府門部
　口拾壹　　　　左兵衛府兵衛
　口伍拾壹　　　帳内
　口佰肆拾貮　位分資人
　口壹　春宮坊舎人

口参拾参　事業
口参　職分〔資人脱〕
口壹　雅楽寮歌人生
口壹　主殿寮使部
口貳　右近衛府近衛
口貳　木工寮工部
口貳　図書生
口壹　東寺工部
口参　内膳司膳部
口捌　右馬寮馬部
口拾壹　同寮騎士
口壹　同寮使部
口参　兵庫寮工部
口伍　同寮使部

(9)

口壹　図書寮写部

口陸　大膳職膳部

口陸〔口玖カ〕拾参　祝

口参　大領

口参　小〔少〕領

口貳　主殿〔政〕

口参　主帳

口肆　神部

口伍　宮内省使部

口拾伍　仮墓守

口壹　多男父

口捌　篤疾

口玖　癈疾

口壹　右馬寮使部
口壹　内蔵寮使部
口壹　陰陽寮使部
口壹　造酒司使部
口壹　左京書生
口壹　式部省書生
口壹　同省使部
口壹　采女司

耆老

口仟伍佰参拾貳　耆老

小子

口貳仟漆拾貳　小子
口佰捌拾貳　年拾漆
□□〔口カ〕□□□〔拾伍カ〕　□〔年カ〕拾陸　○次行年拾伍ノ口数一行脱カ

摂津国出挙帳案

206【二月廿八日至三月十三日裏】　○各紙横界線有リ

一国総計の部　(1)

（前欠）

修理池溝料参萬束

救急料陸萬束

減省

減省公廨雑稲拾捌萬漆仟陸佰束

公廨稲拾壹萬伍仟束

救急料稲伍萬〔貳脱〕仟陸佰束

修理池溝料貳萬束

見挙

見挙正税公廨雑稲貳拾玖萬肆佰束

正税稲拾捌萬伍仟束

公廨稲漆萬束

雑稲貳〔参〕萬伍仟肆佰束

(2)

修理国分寺（摂津国）利稲萬伍仟束

国分寺・諸定額寺・忍頂〔寺脱〕（摂津国）・四天王〔寺脱〕（摂津国）料参仟束

修理池溝料玖仟束

救急料捌仟肆佰束

加挙

法性寺(山城国)宝塔院灯油仏供米不足料貳仟束
大日寺(摂津国)料稲伍仟束
雲心寺(河内国)料参仟束
金竜寺(摂津国)料仟束
加挙参萬束
総持寺(摂津国)料参仟束
安祥寺(山城国)法華三昧堂料参仟束
金輪寺法華三昧料稲参仟束
無動寺(近江国)仏供灯分料貳仟束
総持寺新堂灯分供料貳仟束
法性寺妙覚院仏供油料仟束
法住寺(山城国)料伍仟束

借貸

借貸〔料脱〕稲伍萬捌仟束

書生借貸捌仟束
糶糴料伍萬束
住吉郡
住吉郡貳萬肆仟佰束
減省雑稲漆仟束
公廨稲伍仟束
修理池溝料仟束
救急料仟束
(3)
見挙稲萬貳仟陸佰束
正税稲陸仟束
公廨稲伍仟束
無動寺料稲貳佰束
法性寺妙覚院灯分仏供料肆佰束
修理池溝料伍佰束
金輪寺料伍佰束

」

借貸〔料脱〕稲肆仟伍佰束
書生料稲伍佰束
糶糴料稲肆仟束

百済郡
百済郡肆仟肆佰束
減省雑稲貳仟束
修理池溝料仟束
救急料仟束
見挙稲陸佰束
正税稲参佰束
公廨稲参佰束
借貸料〔稲脱〕仟捌佰束
書生借貸料参佰束
糶糴料仟伍佰束

東生郡
東生郡萬参佰束

(4)

減省雑稲〔肆脱〕仟束

修理池溝料貳仟束

救急料稲貳仟束

見挙稲肆仟束

正税稲仟伍佰束

公廨稲貳仟束

金輪寺料稲参佰束

法性寺妙覚院仏供灯分料貳佰束

借貸料稲貳仟参佰束

書生料参佰束

糴糴料〔貳脱〕仟束

西生郡

西生郡萬捌仟捌佰束

減省雑稲漆仟束

修理池溝料稲参仟□□（マヽ）

救急料稲肆仟束
見挙稲捌仟肆佰束
正税稲肆仟束
公廨稲肆仟束
法性寺妙覚院仏供灯分料肆佰束　〇次行〔借貸料稲参仟肆佰束〕脱ヵ
書生借貸料肆佰束
天慶八年交替欠糴糴料参仟束
菟原郡
菟原郡肆萬仟貳佰肆拾束
減省雑稲萬仟貳佰束
公廨稲陸仟束
修理池溝料稲仟貳佰束
(5)
救急料稲肆仟束
見挙稲貳萬陸仟肆拾束
正税稲萬肆仟貳佰肆拾束
」

公廨稲参仟伍佰束
大日寺料稲参仟束
安祥寺料法華三昧堂仏供料仟伍佰束
金輪寺料稲参佰束
無動寺料伍佰束
修理池溝〔料脱〕伍佰束
救急料仟束　○次行〔借貸料稲肆仟束〕脱カ
書生借貸料仟束
八部郡
天慶八年替〔交脱〕欠羅羅料参仟束
八田〔部〕郡参萬陸仟貳佰伍拾束
減省雑稲玖仟束
公廨稲陸仟束
救急料稲参仟束
見挙稲貳萬伍仟佰陸拾束

正税稲貳萬肆佰陸拾束
公廨稲参仟伍佰束
安祥寺法華堂仏供料伍佰束
救急料仟束　〇次行〔借貸料稲貳仟捌佰束〕脱ヵ
書生借貸〔料脱〕捌佰束
天慶八年交替欠糶糴料貳仟束
有馬郡肆萬仟伍佰束
減省雑稲漆仟束
公廨稲参仟束
救急料肆仟束
見挙稲参萬仟伍佰束
正税稲貳萬仟伍佰束
公廨稲伍仟参佰束
大日寺料貳仟束

(6)有馬郡

金輪寺料漆佰束
救急料貳仟束　○次行〔借貸料稲参仟束〕脱カ
天慶八年交替欠糶糴料参仟束
能〔勢〕□郡貳萬漆仟佰伍拾束
減省雑稲陸仟束
公廨稲参仟束
救急料参仟束
見挙稲貳萬仟佰漆拾束
正税稲萬参仟貳佰漆拾束
公廨稲参仟肆佰束
修理国分寺料仟束
総持寺料灯油仏供料玖仟伍佰束
金輪寺料伍佰束
無動寺料伍佰束

能勢郡

(7)

法性寺妙覚院仏供料肆佰束

武庫郡陸萬伍仟捌佰束

減省雑稲萬伍仟束

公廨稲〔捌脱カ〕仟束

修理池溝料貳仟束

救急料伍仟束

見挙稲肆萬貳仟参佰束

正税稲貳萬参仟伍佰束

公廨〔稲脱〕萬束

修理国分寺料稲貳仟伍佰束

安祥寺法華三昧堂仏供料仟束

法住寺料仟束

修理池溝料貳佰束

救急料仟陸佰束　○次行〔借貸料稲捌仟伍佰束〕脱カ
書生借貸料仟貳束（佰）束
天慶八年交替欠糶糴料漆仟参佰束
嶋上郡肆萬陸仟玖佰捌拾束
減省雑稲貳萬仟陸佰束
公廨稲萬陸仟束
(8)
救急料稲伍仟陸佰束
見挙稲貳萬仟捌佰捌拾束
正税稲萬仟参佰捌拾束
公廨稲伍仟束
修理池溝料貳仟束
金輪寺料仟束
総持寺新堂仏供料仟束
法住寺料仟束

修理池溝料伍佰束　〇次行〔借貸料稲参仟伍佰束〕脱カ

書生借貸稲伍佰束

天慶八年交替欠稲肆〔参カ〕仟束　　已糶糴料

嶋下郡

嶋下郡陸萬参千〔仟〕八〔捌〕百〔佰〕束

〔減省雑稲貳萬玖仟束カ〕

公廨〔稲脱〕貳萬束

修理池溝料参仟束

救急料陸仟束

見挙稲貳萬玖仟陸佰束

正税稲萬参仟佰束

公廨稲漆仟束

修理国分寺料参仟束

法性寺宝塔院料仟束

総持寺灯油仏供料仟伍佰束

(9)

」

豊嶋郡

法住寺料仟束
修理池溝料伍佰束　○次行〔借貸料稲伍仟貳佰束〕脱カ
書生借貸料仟束
天慶八年交替欠糴糴料〔肆仟脱カ〕貳佰束
豊嶋郡玖萬肆仟捌佰漆拾束
減省雑稲参萬陸仟捌佰束
公廨〔稲脱〕貳萬伍仟束
修理池溝料肆仟捌佰束
救急料稲漆仟束
見挙稲肆萬伍仟漆拾束
正税稲貳萬捌仟伍佰漆拾束
公廨〔稲脱〕萬仟束
修理国分寺〔料脱〕貳仟束
雲心寺料仟伍佰束

法住寺料仟束
□□□□〔修理池溝〕料貳仟束　○次行〔借貸料稲萬貳仟束〕脱カ
書生借貸料仟束
天慶八年交替欠糶糴料萬仟束
○六行分空白

河辺郡　(10)
河辺郡捌萬捌仟捌佰束
減省雑稲参萬貳仟束
公廨稲貳萬参仟束
修理池溝料稲参仟束
救急料稲陸仟束
見挙稲肆萬捌仟捌佰束
正税稲貳萬陸仟束
公廨稲萬束
修理国分寺料稲肆仟伍佰束

国分寺・諸定額寺・四天王寺・忍頂寺灯分参仟束
法性寺宝塔院料稲仟束
法住寺料仟束
修理池溝料仟伍佰□〔束〕
救急料稲仟捌佰束
○以下空白、〔借貸料稲漆仟束〕・〔書生借貸料仟束〕・〔天慶八年交替欠糶糴料陸仟束〕脱カ

摂津国租帳案
二

207 【三月十三日至廿二日裏】

○各紙横界線有リ、219号・本号・203号ト続ク

住吉郡 (1)

右京拾壹町陸段貳佰捌拾歩
不堪佃貳拾貳町玖段佰貳拾陸歩
地子田佰捌拾〔衍カ〕歩
祖〔租、以下同〕田貳拾貳町玖段拾捌歩
堪佃貳佰陸町肆段伍拾肆歩
地子田貳段貳佰伍拾肆〔貳カ〕歩

応輸地子稲拾壹束参把玖分肆毛
祖田貳佰陸町壹段佰陸拾貳歩　」

(2)

例不参田陸拾壹町捌段佰伍拾陸歩
得田佰肆拾肆町参段陸歩
応輸稲貳仟佰陸拾肆束伍把貳分伍毛貳厘
雑散稲貳仟束
住吉(摂津国)神戸肆拾貳烟　祖稲仟陸佰捌拾束
大依羅(摂津国)神戸捌烟　祖稲参佰貳拾束
納官稲佰陸拾肆束伍把貳分伍毛貳分〔厘カ〕

百済郡

百済郡
合貳佰拾貳町捌段貳佰肆拾陸歩
不輸祖田陸拾肆町参段参佰貳拾捌歩
神田佰漆拾歩
寺田拾捌町壹段佰伍拾捌歩

(3)

職写田肆拾貳町陸段佰捌拾歩
　左京職拾伍町佰貳拾歩
　右京職拾漆町陸段〔陸脱カ〕拾歩
定祖田佰肆拾捌町肆段貳佰漆拾捌〔漆カ〕歩
郡司職田参町貳佰歩
墾田伍段参拾玖歩
一身田壹町
口分田佰肆拾参町玖段参拾玖〔捌カ〕歩
　京戸田壹町漆段佰貳拾歩
　　左京伍段参佰拾歩
　　右京壹町壹段佰漆拾歩
　土戸田佰肆拾貳町壹段貳佰漆拾捌歩
不堪佃拾肆町捌段佰漆〔拾貳脱カ〕歩
堪佃佰貳〔参カ〕拾参町陸〔肆カ〕段佰漆〔伍カ〕歩

例不参（衍カ）田肆拾町参佰〔肆カ〕捌歩
得田玖拾参町伍〔肆カ〕段佰〔壹カ〕肆拾歩
応輸稲仟肆佰参束壹把貳分捌毛〔壹束肆毛貳厘カ〕

東生郡

東生郡
合貳佰陸町佰漆拾捌歩
不輸祖田捌拾伍町陸段佰伍拾陸歩
神田参佰捌拾歩
□〔寺カ〕田〔肆拾貳町捌段参佰拾陸歩カ〕
職写田肆拾貳町陸段佰捌拾歩
左京貳拾壹町参段
右京貳拾壹町参段捌拾歩
定田佰貳拾町肆段貳拾貳歩
祖田佰拾壹町肆段貳佰捌拾玖歩
有子内親王（淳和天皇皇女）田陸町壹段参佰参歩
」

(4)

墾田貳拾貳町伍段拾漆歩
一身田参拾肆町玖段参佰参拾参歩
口分田肆拾参町漆段参佰伍拾漆歩
京戸田参〔拾脱〕町肆段参佰伍拾漆歩
左京参町〔参段脱カ〕参佰伍拾漆歩
右京拾町壹段
土戸田参拾町参段
不堪佃拾壹町壹段佰漆拾貳歩
堪佃佰町参段佰拾漆歩
例不参田参拾町参佰伍拾玖歩
得田漆拾貳(衍カ)町〔貳段脱カ〕佰拾捌歩
応輸租仟伍拾参束肆把玖分壹毛漆毛〔厘カ〕
雑散稲佰貳拾束
難波(摂津国)大神神戸貳烟　祖稲捌拾束

〔摂津国〕
□〔下比売許曾神戸壹烟　祖稲肆拾束カ〕

納官稲玖佰参拾参束肆把玖分壹毛漆厘

208【三月廿二日至廿四日裏】　○各紙横界線有リ、203号ヨリ続ク

(1)
有馬郡

合仟貳佰捌拾漆町玖段漆拾玖歩

不輸祖〔租、以下同〕田参佰漆拾伍町肆段佰伍拾玖歩

神田肆町捌段

寺田肆拾貳町貳段貳佰陸拾貳歩

職写田参佰貳拾伍町参段貳佰伍拾漆歩

左京佰伍拾壹町壹段

右京佰漆拾肆町貳段貳佰伍拾漆歩

定田玖佰拾貳町肆段貳佰捌拾歩

官田漆拾漆〔陸カ〕町佰拾参歩

右依省符造別帳、
　地子田捌町陸段貳佰参拾歩
　得度者田壹段佰捌拾歩
　乗田捌町伍段伍拾歩
祖田捌佰町漆段佰漆拾壹歩
　位田伍拾肆町参段
　郡司職田拾伍町
　□□［　　　］壹段佰伍拾貳歩
　一身田拾貳町
　口分田伍佰玖拾陸町貳段佰捌拾漆〔歩〕［　　　　　　　］
(2)
　京戸田玖拾壹町貳段佰歩
　　左京陸拾壹町伍段佰漆拾貳歩
　　右京貳拾玖町漆段捌拾歩
　土戸田伍佰伍町肆拾伍歩

不堪佃捌拾町玖段佰肆拾捌歩

地子田〔漆町脱カ〕漆段参佰伍拾壹歩

○次行〔不堪地子田捌段貳佰参拾玖歩〕・〔不堪祖田捌拾町貳佰陸拾玖歩〕・〔堪佃漆佰貳拾捌町肆段貳佰伍拾参歩〕脱カ

応輸地子稲参佰貳拾玖束漆〔衍カ〕把捌〔伍分肆毛伍厘カ〕分漆毛陸厘

祖田漆佰貳拾町陸段貳佰陸拾貳歩

例不参田貳佰拾漆〔陸カ〕町貳段陸歩

得田伍佰肆町肆段貳佰伍拾陸歩

応輸祖稲仟〔漆脱〕伍佰陸拾漆束漆分陸毛陸厘

雑散稲貳佰捌拾束　大神神戸七烟分

納官稲漆仟貳佰捌拾漆束漆分漆毛陸厘

能勢郡

能勢郡

不輸祖田佰肆拾貳町貳段佰貳拾漆歩

神田伍段佰捌拾歩

寺田拾町貳段伍拾伍歩

職写田佰貳拾玖町肆段佰貳拾肆〔歩〕

(3)

左京漆拾□□□□

右京伍拾漆町捌段参佰□

定田参佰拾捌町参段参佰拾捌〔歩〕

地子田壹段佰捌拾歩　得度者田也、

祖田参佰拾町漆段参佰貳拾捌歩

位田参町

郡司職田漆町壹段玖拾捌歩

墾田伍拾伍町壹段玖拾捌歩

口分地〔田〕貳佰参拾伍町肆段参佰参拾肆歩

京戸田伍拾伍町

左京貳拾漆町陸段貳佰伍拾伍歩

右京貳拾捌町参段佰伍歩

土戸〔田脱〕佰捌拾町肆段参佰参拾肆歩

不堪佃参拾壹町参佰参拾〔捌脱カ〕歩

地子田伍拾肆歩
祖田参拾壹町貳佰捌拾肆歩
堪佃貳佰漆拾玖町捌段佰漆拾歩
地子田壹段佰貳拾陸歩
応輸地子稲伍束陸把玖〔分漆脱カ〕毛
祖田貳佰漆拾玖町漆段肆拾肆歩
例不参田捌拾参町玖段肆拾玖歩
得田佰玖拾伍町漆段参佰伍拾貳歩
応輸祖稲貳仟玖佰参拾□□□□〔束玖把陸カ〕□

□

□

長承元年春夏下巻

○三月廿五日至閏四月廿九日裏（二十七紙）文書無シ

某政所下文
散位藤原業綱給物

209【五月一日至四日裏】

政所下　〔周防国〕多仁御庄田布施政所
可早致沙汰散位藤原朝臣業綱給物貳拾斛」事
右人給物、以□□〔年カ〕貢米之内、毎年」□□可□□
嘉禄三年□〔閏カ〕三月十日
□
□

周防国多仁荘田布施領給田目録
嘉禄二年切渡分

210【五月五日至七日裏】○折紙、上段五行目欠損部分ニ墨写リ有リ

〔周防国〕□〔田〕布施領給田事嘉禄三年
去年切渡分十七町九段半
今加康定三段、十八町二段半

一八七

〔十カ〕
□町　法眼御房

□　□

一町元七段今加三段石王分　藤内康定

□六段半　雑色景次

二段　三郎冠者

□□〔段カ〕　出納重光

嘉禄三年より切り渡すべき給田

自今年可切渡給田八町三段

〔一カ〕
□町二段上一丁福重 中二段元新二丁内　敦定

〔一カ〕
□町上五段元大夫阿闍梨給分 中五段　範定藤四郎

□町中　元奈良　下家司職光

□町上　雑色景光

□町中　同寿王冠者

〔一カ〕
□町上五段 中五段　大輔局

□町一段上　御牛飼料去年給御下文了、

収公分運上の時京都にて成敗あるべし

□代官沙汰上分物等三町」

一(二カ)□町上　(紀伊国)熊野上分常在是也、

一町上　(大和国)春日大般若供料(大和国)奈良二丁内也、

御収公分五町八段、為代官収納」運上之時、於(山城国)京都可有御成敗也、

一町八段　光成

一(二カ)□段上一段中一段　地蔵講

一丁上五段中五段　月家

七段上三段半中三段半　得永

一段中　北少路

一町中　元二丁二段内新給田云々、

一町中　福重

自余給田如旧不可相違、

(端奥)給田事

某米請取状

211【五月七日裏】

検納

米拾斛者　本斗定

右、所納如件、

嘉禄元年十月二日

□□（花押）

某銭請取状

212【五月七日至九日裏】

請領銭事

合七貫文

右、所請取如件、

嘉禄三年二月十七日

石城宮神官等解

重房の正月三箇日檀供花餅不勤押留を訴う

213【五月九日裏】　○214号ヨリ続クカ

(1)

（前欠）」□〔在カ〕状言上、以解、

□〔請カ〕被同御裁判給、正月三箇日奉備進諸人檀供花餅修□《ヲ》」不勤幷祝押留《ヲモ》、重房自由不当

檀供鏡餅は預所地頭等に奉献す

重房領家地頭祈禱を押留す

重房若宮大宮司を号し違乱するを訴う

三領に石城社神官を一人宛置き神事所に祇候せしむ

重房若宮司を号し所々違乱す

子細□〔状、カ〕
□〔謹カ〕検事情、当社自昔于今、正月三个日御行供料自三个領御」□〔下カ〕行也、於檀供御鏡者、
(2)奉始預所・地頭諸人併令奉献也、是□」□家御宝祚長遠・御庄安穏・五穀豊饒御祈禱
故也、重房□」□乍為神官職、領家・地頭祈禱押留事、大不当也、神明心□」□〔読カ〕誦廻
向仕成無辺善願、奉一粒散米献者、万倍之祝申事、」□〔京カ〕都〔山城国〕田舎流例也、修正勤行歟、
祝可申歟、尤任道理為蒙□□〔御カ〕」仍勒在状言上、以解、
請被同御裁判、号重房若宮大宮司、所々致違乱不当子細状、
右、謹検案内、先例当社神官三領各一人宛置給事、于今不始、」而此以三人神事所祇
候仕之処、三人之外、重房号若宮司致所□〔々カ〕」違乱、一塵事取質狼藉仕事、大訴訟也、
自今以後神事□」不可請用歟、又心直人□□〔及カ〕訴申上、請用先例也、望請、且□」早垂
御推察、為蒙御裁判、仍勒在状言上、以解、

□〔嘉〕禄三□〔年〕二月　日

諸□

神官等上

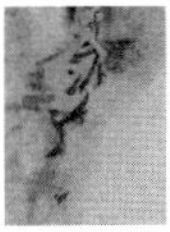

○五月九日至十二日裏（二紙）文書無シ

石城宮神官等解

214【五月十二日至十四日裏】　○213号ニ続クカ

石城（周防国）宮神官等解申進三箇領本家政所御裁定事

若宮小宮司重房の神田用途抑留を訴う

請殊蒙任先例御裁判、為若宮殿小宮司重房任□」当社造宮之間、号□〔若カ〕宮殿修

理、私有限神田用途抑□〔留カ〕」不能子細□

重房所当米をもって拝殿借屋を造営すと号す

□」□同□□□□事極非儀□□故者、若宮殿少宮司□□〔重房カ〕」恣

料田一丁三段拘留、自去□〔貞カ〕応元年以後至于去年五个□〔年カ〕」間、所当米以六十余石《ヲ》、如

形拝殿三間・借屋五間《ヲ》、号造営□」条、言語道断、無道所行也、彼若宮神田二丁三

若宮神田は大宮造宮用途たれども重房拘え持つ

段《ハ》、大宮造宮用途《ニ》任先□〔例カ〕」留畢、而彼用途米大宮造宮不加《シテ》、重房拘持《テ》、若宮殿《ヲ》可奉

重房周防国美和荘用途米をもって若宮を修理せんとす

□」催《□》、雖触申美和（周防国）方《仁》、大宮御殿造畢以後、可修理仕《ト》僉儀畢□」若宮御殿《ニハ》不懸手《ヲシテ》、

周防国多仁荘一方を拝殿修理に宛るは違例なり

懋《ニ》美和・多仁（周防国）合《テ》造営仕、拝殿《ヲ》多仁一方□」向後之違例也、設雖新儀非例造営《ト》、二个

年所当米可被宛□」□个年所当米者、大宮造宮用途料可被加者也、所詮依用□〔途カ〕」雖

周防国波野領

有無力励、于今不遂造畢、此故也、随大宮神田波野（周防国）領七□」□〔同カ〕若宮神田不量者也、

望請恩裁、早任道理、欲蒙御裁報□」（後欠）

215【五月十四日至十五日裏】 ○216号ヨリ欠葉後続クカ

周防国多仁荘田布施領百姓連署申状

去年大損亡により内検あるも見損なし

荘内衰弊子細言上のため参洛を企つるも粮米無し

多仁荘鎮護石城三所大権現

(1)（前欠）」以前条条、仰憲法之貴、故粗言□□」抑当御庄者、従本所当高
(2)斗代之上、追年損亡之間、尫弱百□〔姓カ〕」弥以減亡、就中去年大損亡僅雖有内検、全無見
損、裁報於□」所当専難償満况乎、役夫米已下有限田率所当米之外、非□」物費、既
百余石也、具旨載右了、此外云軽物減納之費、云苛」責之使等祗候、非可及算計哉、
御庄内之衰弊、人民之□」散、職而由之、雖須百姓一両人、企参洛言上子細、無粮米
□」術、途中活命頗有危、今捧解状言上不安之由、若申状□」旨、於一虚偽申上者、
日本国中五畿七道大小　神□〔祇〕」冥顕、別当御庄鎮護石城〔周防国〕三所大権現神罰、連暑〔署〕百□〔姓カ〕」
身中毎毛孔可罷蒙者也、早垂御遏迹至御哀憐、」一一蒙御外題者、廻留跡之謀、成勤
公之勇、仍注十□」箇条事状、謹言、

嘉禄三年二月　日　多仁〔周防国〕御庄田布施領百姓

友延（花押）

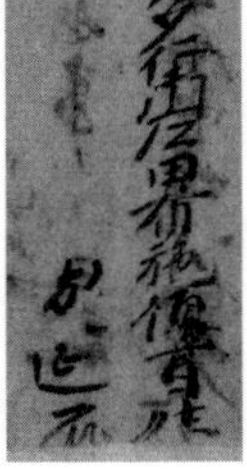

国貞（花押）
宗利（花押）
守安（花押）
宗□〔久カ〕（花押）
末時（花押）
重清（花押）
恒守（花押）
□恒（花押）

(3)
吉□（花押）
宗久［　　］
宗吉（花押）
利清（花押）

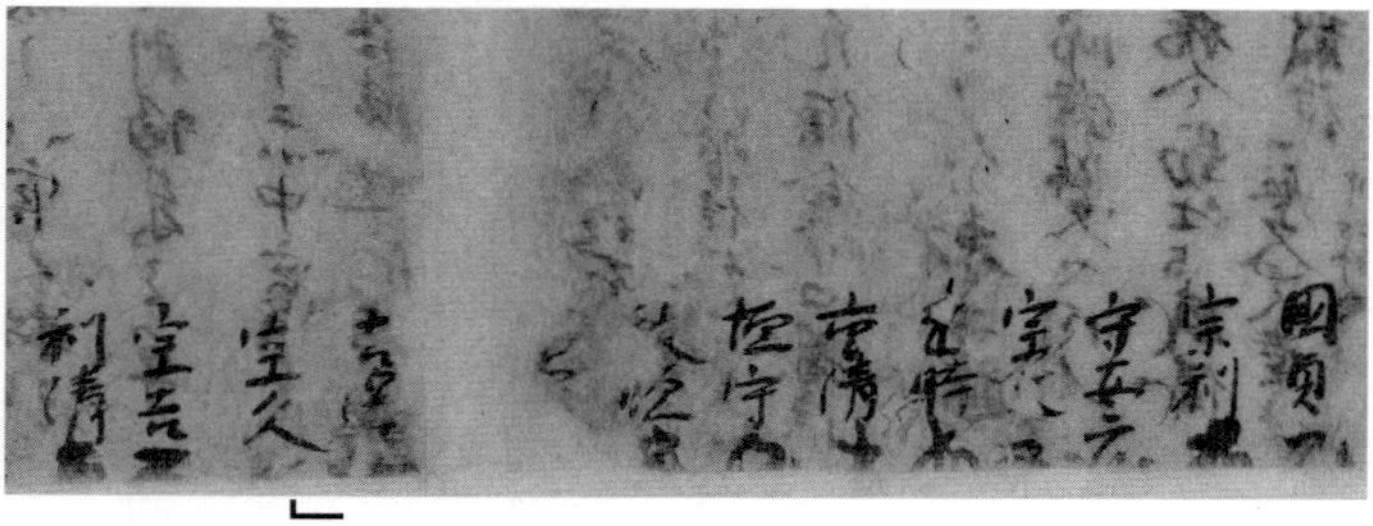

有重（花押）
武貞（花押）
石丸（花押）
太郎丸［　］
守末（花押）
時久（花押）
吉道（花押）
近吉（花押）
包元（花押）
成近（花押）
守弘（花押）
石光（花押）
石友（花押）

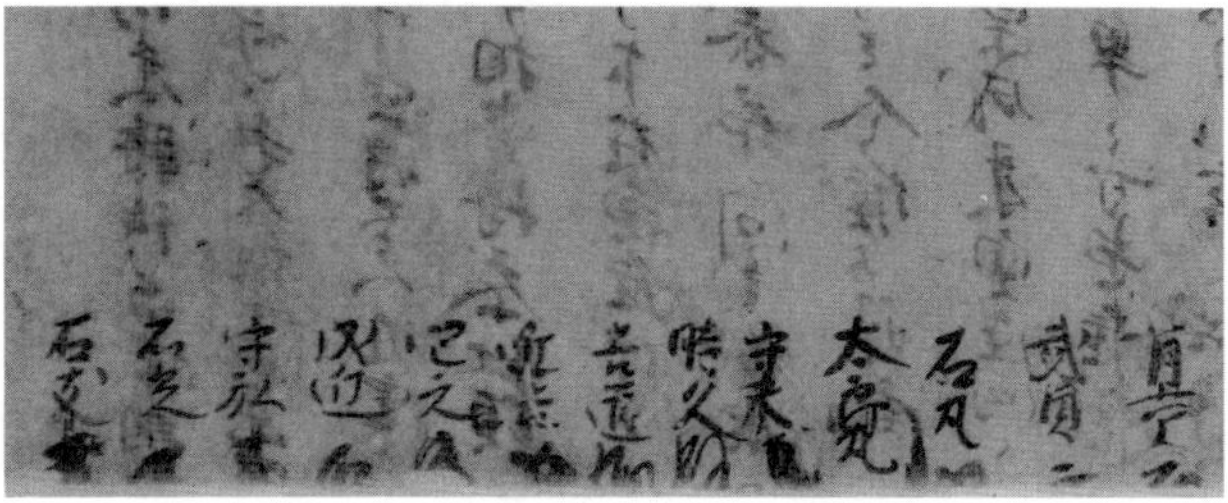

○五月十五日至六月廿四日裏（十四紙）文書無シ

216【六月廿四日裏】　○202号・本号・欠葉後215号ト続クカ

周防国多仁荘田布施領百姓連署申状カ (1)

（前欠）」□上三个日六度分米升定□［　］□此外又称女房三日厨、重被□」責之間、即用途米一石五斗［　］［　］八斗也、如此□□□〔百カ〕姓之費以新□〔儀〕」加増□□苛責□［　］」［　］新儀加増非法［　］［　］

代官先使三日厨引出物入物の停止を請う

一、請被任先例停止御代官先使三□□□〔日厨・引出カ〕物・入物以新□〔儀〕責取事、

先使成光三日厨苛責す

□〔右、カ〕謹検案内、御庄立券已後数□□□〔多人数カ〕令下着全無例事也、然去年□」日先使成光下着称三日厨苛責之上、号引出物、不廻踵白六丈布三切責」取了、即布直米一石五斗也、其上猶称乏少、苛法責勘之間、為懇望清酒□□〔三瓶カ〕」子取与了、直米一斗八升、此外又号入物、無為術最中責取白米三斗五升・春麦七［　］〔斗三升カ〕」都合二石七斗六升也、望請恩裁、任先例欲被停止新儀非法入物厨引出物等□

引出物と号し白六丈布を責め取る
入物と号し白米等を責め取る

又代官政所と称し雑事新儀秣蒭を責むるを訴う

一、請被裁定給預所御代官之宿房之外、称又代官政所、両所雑事幷新儀秣蒭責□〔事、〕

右、謹考旧貫、於預所御代官一所定政所、致公務者承前例也、就中当□〔御カ〕」領人民侹

代官又代官両政所修理等を命ぜらる
新たに秣糭等を苛責せらる

弱之間、京下人数只十八内也、全不過之、而去年御代官有勢下□」日有限政所之外、云又代官政所立置両所其修理煩、云鋪設雑事、云不可□□、」其上無先例秣糭日別三升・蒭五十万、以新儀苛責之、其積自□至□〔今カ〕」糭五石四斗・蒭一万余方也、其外又日巡御菜先例者、木松八束・塩味雑□〔菜カ〕□」堪者也、而両所分日別木松二十六束・塩味各一升五合・雑菜十三裹也、□□」木松五千五百束・塩味六石余、是則新儀過分之責也、是又百姓等空費□」其上或称乏少、或号疎略、任法剥着物、取流質物及恥辱事、不可□」計、望請、停止件等新儀過分濫妨、御代官在庄之間、日巡御菜任先例、□〔木カ〕」松八束・雑菜三種・塩味少々可令廻役之由、蒙御外題者、仰正道憲」法之貴旨矣、

内検使の榲子饗膳等を訴う
損亡の年は荘の解により内検を遂ぐ
八日分榲子饗膳を賦課せらる(2)
内検の後見損なし

一、請被裁免無先例内検使偪子〔榲カ、以下同〕幷非分饗膳等事、

右、謹案事情、損亡之歳、依庄解被遂内検先例也、雖然全無偪子□□」有限職人之外、先例更無非分饗、然去年御代官引率数多□□」皆悉責祗候了、而八日分偪子分白米三斗、・饗膳二百七十二□□」分白米二石七斗二升、・魚直米四石六斗、・酒六十二瓶上次各半分直米三石□」已上十石八斗、如此乍令祗候、更以無見損裁許之、又重酒肴□」用途米九斗、都

合十一石七斗也、是併非百姓費哉、凡当御庄□」百姓尫弱之間、下向預所御代■官
前々十余人内也、是御領百□〔姓カ〕」機根所有御存知也、而近年数多人数下着難堪事也、
望□〔請カ〕」撰釈〔択〕京下人数、可停止□□人之外、非分饗膳之由蒙□」外題、成安堵之思
□〔矣、カ〕
〔一、カ〕□□□□□□□□

種々催役の停止を訴う

右、追日替色被催役之間、□□定一石一斗、七日分已上七石□□〔七斗、カ〕」是又非国家
之費哉、□□於□〔自カ〕今已後者、欲被停止矣、

吉書饗膳の減免を請う
当年非分饗膳の停止を訴う

一、請被任先例減定吉書饗膳巨多責取事、
右、吉書饗者、有限職人之外、全無余人祗候、而当年職人□」外、非分饗膳三十二
前（分白米三斗二升）・酒十四瓶子清濁各半分（直□〔米カ〕六斗三升）、・魚直米八斗、已上一石七斗四升、是則新儀
非分饗膳□」望請、任先例欲被停止非分饗膳矣、」

船乗始饗膳の減免を請う
当年非分の饗膳を責め取る

(3)
一、請被任先例減定船乗始饗膳多々責勘事、
右、乗始饗者、為祝如形、或年二三前、或年四五前、全不過□」然当年、被責取饗
膳三十二前（分白米三斗二升）・魚直（米五斗）・酒□」七瓶子内清濁各半分（直米三斗）、已上米定一石一斗余也、

是〔新儀カ〕□□」非分費也、望請、任先例停止非分数多饗膳、欲被減定矣、

先例無き弓事の停止を請う

一、請被停止無先例弓事被責催事、

右、乗船之後、又還居被責催弓事之間、即白米□□〔酒カ〕□□」五升内、清五升直一斗五升、・次二斗直米四斗五升、・魚直米五斗、已〔上カ〕□」米定一石五斗也、早任先例、欲被停止矣、

先例無き蓑笠の停止を請う

一、請被停止無先例蓑笠責取事、

右、称安芸行、数度責取蓑六頭直米六斗、・笠□□直〔米一斗二升カ〕□□□□□□」已上七斗二升、是又非儀也、於自今已後者、欲被停止矣、

用作代官田養料の下行を請う

一、請被任先例下行御用作并代官田養料四石九斗不下行〔事、〕□

右、民役之中、尤重役也、其故者、農作最中捨私耕営□」（後欠）

○六月廿四日至廿八日裏（三紙）文書無シ

長承元年秋冬巻

○九月廿六日至卅日裏（三紙）文書無シ

217【十月一日至七日裏】○各紙横界線有リ、205号ヨリ続ク

摂津国大計帳案二 (1)

口佰陸拾漆　年拾肆
口佰玖拾参　年拾参
口佰拾捌　年拾貳
口佰玖拾漆　年拾壹
口佰漆拾伍　年拾
口佰漆拾玖　年玖
口佰捌拾肆　年捌
口佰捌拾壹　年漆
口漆拾伍　黄男

陵戸
口貳佰漆拾貳　陵戸

女
口参萬貳仟漆佰伍拾玖　女
口萬捌仟伍佰漆拾玖　大女
口萬肆仟佰捌拾　小女

賤
口佰玖拾伍　賤
口玖拾貳　奴
口佰参　婢

課
(2)
口肆仟□〔伍〕佰捌拾壹　課　○次行〔口伍佰肆拾陸　中男〕脱カ
口佰陸拾　帳後死亡
口参拾肆　進中男　○次行ト順序転倒有ルカ
口参佰捌拾陸　見在

入不輸
口佰漆　不〔入カ〕不輸
口捌拾肆　駅子
口貳拾　継〔健〕児

口貳　　朝集雑掌

見輸
口参仟捌佰玖拾肆　見輸
口参仟伍佰捌拾参　正丁　○次行〔口貳佰貳拾陸　老丁〕脱カ
口捌拾伍　残疾

死亡
口参佰拾参　死亡
口貳佰参拾捌　正丁
口漆拾伍　老丁

去年帳後死亡
口漆拾肆　去年帳後除死亡
口肆拾伍　正丁
口貳拾玖　老丁

今年死亡
口貳佰参拾玖　今年死亡
口佰玖拾参　正丁
口肆拾陸　老丁

入不課
口漆拾参〔壹カ〕　入不課

口拾陸　正丁

口伍拾伍　老丁

口漆〔篤疾カ〕

口玖〔癈疾カ〕

(3)
口伍拾陸〔伍カ〕　耆老

見在

口参仟伍佰拾　□〔見カ〕在

口参仟参佰貳拾玖　正丁

口玖拾漆〔陸カ〕　老丁

口捌拾伍　残疾

去年計帳已来新附

去年計帳已来新附口仟貳佰肆拾

不課

口陸佰漆拾伍　不課

口貳佰参拾捌　男

口漆　篤疾

口玖　癈疾

口伍拾伍　耆老

口佰陸拾漆　生益黄男並壹歳

口肆佰参拾漆　女

課

口伍佰陸拾伍　課

口佰捌拾漆　中男

口参佰漆拾捌　見輸

口参佰漆拾陸　正丁

口貳　老丁

都合

都合肆萬貳仟伍佰肆拾漆　次丁壹（衍カ）

不課

口参萬漆仟玖佰伍拾漆〔陸カ〕　不課

口肆仟肆佰拾参〔伍佰陸拾伍カ〕　男

口参佰拾壹〔肆佰陸拾漆カ〕　八位已上

口肆仟佰貳〔仟伍佰捌拾漆カ〕　耆老

口〔玖佰拾伍カ〕

(4)

口仟佰拾漆（マ、）　年玖拾歳已上

口仟貳佰拾捌（マ、）　年捌拾歳已上

口仟佰貳（マ、）　年陸拾伍歳已上　○次行〔口貳仟貳佰参拾玖　小子生益黄男並壹歳〕・〔口貳佰漆拾貳　陵戸〕・〔口参萬参仟佰玖拾陸　女〕脱カ

口陸仟伍佰漆拾貳（マ、）　大女

口陸仟捌拾漆（マ、）　小女　○次行〔口佰玖拾伍　賤〕脱カ

課

口肆仟伍佰玖拾次丁壹　課

口伍佰漆拾参　中男

口佰漆　見不輸

口捌拾肆　駅子

口捌拾肆〔貳拾壹カ〕　健児　○次行〔口貳　朝集雑掌〕脱カ

口参仟玖佰拾次丁壹　不輸〔見カ〕

口参仟陸佰漆拾参〔拾壹カ〕　正丁

〔口〕□貳佰拾肆　老丁

口捌拾陸　残疾

口伍拾伍　　神戸正丁
口参仟捌佰伍拾陸　官
口参仟伍佰伍拾陸　正丁
口貳佰拾肆　老丁
口捌拾陸　残疾
口捌佰陸〔漆カ〕拾　半輸
口漆佰貳拾参　正丁
口肆拾貳　老丁
口佰拾貳　初従　○次行ト順序転倒有ルカ
口捌拾伍　残丁〔疾〕
〔口佰　正丁カ〕

(5)
口拾貳　老丁
口貳佰捌拾壹　位子
口貳佰陸拾参　正丁

口拾貳〔捌カ〕　老丁
口佰拾参　陰〔蔭〕孫
口玖拾漆　正丁
口拾陸　老□〔丁〕
口捌拾玖　留省
口捌拾参　正丁
口陸　老丁
口伍拾参　散位
口肆拾陸　正丁
口漆　老丁
口伍拾陸　侍人正丁
口参拾伍　学生
口参拾貳　正丁
口参　老丁

口貳拾壹　医生正□〔丁〕
口貳拾伍　郷長□〔正〕丁
口捌拾伍　残□〔疾〕
全輸
口貳仟玖佰捌拾陸　今〔全〕輸
口貳仟捌佰参拾参　正丁
口佰伍拾参　老丁

摂津国正税帳案

218【十月七日至十一月廿五日裏】　○各紙横界線有リ

（前欠）

(1)
保安元年税帳注年年交替欠穀穎拾肆萬伍仟玖佰伍拾壹束伍把
穀玖萬漆仟伍佰拾伍石玖斗参〔肆〕升四合
不動仟参佰拾漆石陸斗漆升肆合
動〔用カ〕
穎肆萬漆仟佰玖拾陸束参□〔把カ〕

不動底敷仟参佰束
動用穎肆萬伍仟捌佰玖拾陸束三〔参〕把
不動糒貳佰貳拾捌石貳斗漆升

当年出挙

当年出挙正税公廨雑稲本穎
正税拾捌萬伍仟束
(2)公廨拾捌萬伍仟束
雑稲拾萬捌仟束
〔摂津国〕国分寺料萬伍仟束
修理池溝料参萬束
救急料六〔陸〕万〔萬〕束
〔摂津国〕国分尼寺幷諸定額寺灯分料参仟束

減省

減□〔省カ〕拾捌萬□〔漆カ〕仟陸佰束
□〔見挙正カ〕税公廨□〔雑カ〕稲

例挙

例挙貳拾玖萬肆佰束

正税拾捌萬伍仟束
利稲伍萬伍仟伍佰束
公廨漆萬束
国分寺料萬伍仟束
（大日寺（摂津国）料伍仟束）（衍カ）
修理池溝料玖仟束
救急料捌仟肆佰束
国分尼寺・諸定額寺灯分料参仟束

加挙

加挙本稲参萬束
大日寺伍仟束
法性寺（山城国）宝塔院貳仟束
同寺□□院仟束
定心院（近江国）参仟束
金滝〔竜〕寺（摂津国）仟束

総持寺（摂津国）法華三昧堂参仟束
同寺新堂院料仟束
安祥寺（山城国）法華三昧堂参仟束
(3)金輪寺法華三昧堂参仟束
無動寺（近江国）灯油料貳千（仟）束
忍頂寺（摂津国）伍佰束
静住院五大堂仟束
法住寺（近江国）伍仟束
借貸料
供（借）貸料稲捌仟束
書生料陸仟束
駅子料貳仟束
糶糴料
糶□（糴カ）料伍萬東
〔塡納穀穎貳萬漆仟肆佰貳拾陸束カ〕
」

穀参仟佰拾参束

潁貳萬貳仟貳佰拾参束
任官符旨、塡納如件、
格率分 格率分稲貳仟佰束
依格旨、以国司公廨利拾分之壹内塡納如件、
駅・伝馬不用死馬皮直貳佰拾伍束
不用馬伍疋　　価佰伍拾束疋別参拾束
駅馬貳疋　　伝馬参疋
死馬皮拾参帳〔張〕　　価陸拾伍束張別伍束
当年田租穀潁 当年田租穀潁
雑散 雑散
（摂津国）住吉神戸伍拾捌烟　　租稲貳仟参佰貳拾束
（摂津国）大依羅神戸捌烟　　租稲参佰貳拾束
（摂津国）難波大社神〔神〕〔戸貳烟〕　　〔租稲捌拾束カ〕
（摂津国）下比売許〔曾脱カ〕神戸壹烟　　租稲肆拾束

(4)

〔摂津国〕座摩神戸貳烟　租稲捌拾束

〔摂津国〕新屋神戸壹烟　租稲肆拾束

〔摂津国〕垂水神戸貳烟　租稲捌拾束

〔摂津国〕広田神戸伍拾烟〔壹脱ヵ〕　租稲貳仟肆拾束

〔摂津国〕名次神戸貳烟　租稲捌拾束

〔摂津国〕佐牙神戸玖烟　租稲参佰陸拾束

〔摂津国〕菟原社神戸捌烟　租稲参佰貳拾束

〔摂津国〕生田神戸肆拾肆烟　租稲仟漆佰陸拾束　○以下220号ト同内容

〔摂津国〕長田神戸参拾貳烟　租稲仟貳佰捌拾束

〔摂津国〕大神社神戸参拾烟　租稲仟貳佰束

定納官稲

定納官稲伍萬玖仟漆佰参拾陸束壹把貳分

都合定穀穎

□〔都〕合定穀穎

穀

不動

動用

穎

不動穀倉底敷仟参佰束

定貳拾玖萬参仟肆佰束

糒

雑用穀穎

雑用穀穎肆萬玖仟漆佰陸拾肆束参把漆分

穀

穎

例用穀穎

例用穀穎参萬玖仟参佰拾捌束伍把参分

〔穀穎萬陸仟貳佰伍拾貳石〕

穎参萬参仟佰陸拾陸束伍把貳分

国内名神七十五座幣帛料(5)

依例供奉国内名神漆拾伍座幣帛料穎参佰伍拾壹束伍把

神社漆拾伍所大社伍所　小社漆拾所

糸参拾捌勾参両　　価穎貳佰参拾肆束捌把勾別□□〔陸束〕

大社拾伍両各参両　小社佰肆拾両各貳両
綿参拾捌屯参両　価穎佰拾陸束漆把屯別参束
大社拾伍両各参両　小社佰肆拾両各貳両

国分寺最勝王経転読悔過三宝僧尼布施料

依例自正月八日迄于十四日一七箇日於国分寺転読最勝王」経悔過三宝僧尼布施
料穎仟漆佰玖拾漆束
三宝布施糸参拾勾　直稲佰捌拾束勾束〔別カ〕陸束
僧尼参拾参口布施　直穎仟陸佰拾漆束
講・読〔師脱カ〕貳口　聴衆貳拾口　尼拾口
定座沙弥・従沙弥二〔貳〕口
絁参拾参疋口別壹疋　直穎玖佰玖拾束疋別参拾束
綿参拾参屯口別一〔壹〕屯　直穎玖拾玖束屯別参束
調布陸拾陸段口別二〔貳〕段　直穎伍佰貳拾捌束段別捌束

国庁吉祥悔過七僧料

依例自正月八日至十四日於国庁行吉祥悔過七僧料穎仟佰参拾」捌束貳把捌分
布施料穎参佰漆〔肆カ〕拾捌〔参カ〕束

絁漆疋口別壹疋　直穎貳佰拾束疋別参拾束
綿漆屯口別壹屯　直穎貳拾壹束屯別参束
調布拾肆段口別貳段　直穎佰拾貳束段別捌束
法服料穎陸佰漆拾貳束
絁貳拾壹疋各参疋　直穎陸佰参拾束疋別参拾束
綿拾肆屯各二〔貳〕屯　直穎肆拾貳束屯別参束
□(6)〔灯明油漆升〕　□〔直穎参拾伍束〕升別□□〔伍束〕
供養料穎伍拾貳束捌〔参把脱カ〕分
飯料米貳斗捌升日各二〔貳〕升　穎伍束陸把
饘粥米伍升陸合日各肆合　穎壹束貳把
雑餅米伍斗陸升日各肆升　穎拾壹束貳把
塩菜料参拾貳束参把捌分
大豆漆升日各伍合　直壹束伍把升別二〔貳〕把
小豆漆升日各伍合　直貳束捌把升別肆把

」

油貳斗〔升カ〕捌合日各貳合　直拾肆束升別伍束
醤壹升肆合日各壹合　直参把升別貳把
酢壹升肆合日各壹合　直漆把升別伍把
味醤壹升肆合日各壹合　直参把升別貳把
海藻貳斤拾両日各参両　直貳束漆把斤別一〔壹〕束
滑海藻貳斤拾両日各参両　直貳束漆把斤別一〔壹〕束
於期〔菜脱カ〕貳斤拾両日各参両　直貳束漆把斤別壹束
大凝菜拾肆両日各壹両　直捌把斤別壹束
芥子拾肆両日各壹両　直参束
紫菜拾肆両日各壹両　直壹束
塩壹升陸合捌夕日各壹合貳夕　直壹束陸把捌分升別壹束

金光明寺金剛般若経転読三宝布施料

依例春秋二仲月各於〔摂津国〕金光明寺転読金剛般若経三宝」布施料穀頴参佰束〔拾脱カ〕
三宝布施綿拾屯　直頴参拾束屯別参束
調布参拾伍段口別壹段　直頴貳佰捌拾束

元日朝拝料

僧尼参拾伍口講・読〔師脱カ〕貳口　衆僧貳拾口　尼拾口
呪願・唄・散花各一〔壹〕口

依例正月元日朝拝国司以下郡司以上佰伍人料穎伍拾束」貳把伍分〔漆カ〕

飯料米壹斛伍升人別壹束　料稲貳拾壹束

塩壹升伍合　直稲参束貳分

〔酒壹斛伍升 人別壹升　直稲貳拾陸束貳把伍分〕

(7)

金剛般若経転読布施料

依例奉為崇道天皇〔早良親王〕春秋二季転読金剛般若経□□〔布施〕」料穎仟〔衍カ〕肆佰捌〔衍カ〕拾束〔貳脱カ〕

三宝布施綿貳拾屯　直稲陸拾束屯別参束

衆僧布施調布肆拾肆段　直稲参佰伍拾貳束反別捌束

講師貳口　読師貳口　僧肆拾口　幷肆拾肆反口別壹反

釈奠祭料

依例宛春秋釈尊〔奠〕祭料穀穎貳佰拾貳束貳把

先聖・先師貳座料穀穎漆拾玖束

米捌升　直稲拾陸束

酒捌升　直稲肆束升別伍把

脯肆斤　直稲肆束

鮑肆斤　直稲肆束
雑腊肆斤　直貳束〔斤カ〕升別伍把
菓子肆斤　直稲肆束
油貳升　直稲拾束升別伍束
幣絹壹疋壹丈貳尺　直稲参拾伍束疋別参拾束
国司以下学生以上参拾捌人料穎佰貳拾三〔衍カ〕束貳把
飯料米漆斗陸升　穎拾伍束貳把
酒漆斗陸升人別壹〔貳カ〕升　直稲参拾捌束
脯貳〔拾脱カ〕参斤拾参両人別伍両　直稲貳拾肆束斤別壹束
鰒貳拾参斤拾参両人別伍両　直貳拾肆束斤別壹束
腊参斗捌升人別伍合　直拾玖束升別伍把

金光明寺安居講説最勝王経料

依例七月十五日金光明寺安居講説最勝王経料穎参仟漆佰」伍拾捌束陸把参分
布施料貳仟参佰伍拾貳束参把
三宝御布施糸参拾勾　直佰捌拾束勾別陸束
」

(8)　［　　　　］
〔僧尼絁・綿・調布料穎　直貳仟佰漆拾貳束〕

絁肆拾捌疋　直稲仟肆佰肆拾束疋別参拾束
講師拾疋　読師伍疋　呪願・唄・散花各貳疋
聴衆僧尼貳拾漆口各壹疋
綿肆拾肆屯　直稲佰参拾貳束屯別参束
講師貳拾屯　読師拾屯　呪願・散花・唄各肆屯
定座沙弥貳屯
調布漆拾伍段　直穎陸佰束反別捌束
講師貳拾段　読師拾段　呪願・散花・唄各肆段
僧尼貳拾漆口各壹段　定座沙弥貳段　講・読師従沙弥各貳反〔段〕
法服料絁拾疋講・読師各伍疋　直穎参佰疋〔束カ〕疋別参拾束
供養料仟玖拾陸束漆把貳分
経日玖拾箇日従肆月八日迄于七月十五日
米貳〔拾脱カ〕壹斛伍斗壹升　料穎肆佰参拾束貳把

飯漆斛陸斗伍升講・読師日別二〔貳〕升
定座沙弥・従沙弥各壹升伍合
粥料壹斛貳斗陸升講・読師日別肆合
定座沙弥・従沙弥日別肆合
雑餅料貳石陸斗講・読師日別肆升
定座沙弥・従沙弥日別各貳升
新〔塩〕菜料穎陸佰陸拾伍束捌把貳分
大豆壹石伍斗陸升伍合
直拾伍束陸把〔参拾壹束参把カ〕伍分升別貳把
小豆壹石伍斗陸升伍合
直稲貳拾束伍把〔陸拾貳束陸把カ〕升別肆把
油陸斗参升日別一〔壹〕合
直参佰拾伍束升別伍束
醤参斗壹升伍合日別一〔壹〕合
直稲拾伍束陸把伍〔漆カ〕分升別伍把
酢壹斗捌升伍合
直玖束参把
味曾〔噌〕参斗壹升伍合
直稲陸束参把
海藻伍拾玖斤壹両
直貳拾参束陸把貳分斤別肆把
滑海藻伍拾玖斤壹両
直貳拾参束陸把貳分
於期菜伍拾玖斤壹両
直貳拾参束陸把貳分斤別肆把
大凝菜伍拾玖斤壹両
直稲参拾壹束伍把

芥子伍拾玖斤拾壹両　　直拾貳□□□〔束陸把〕斤別陸把

□〔紫〕苔参斗□〔壹〕升伍合　　□〔直拾捌束玖把升別陸把〕

塩参斗陸升玖合　　直稲拾壹束貳把漆〔衍カ〕分升別□□〔参把カ〕

仏名懺悔布施供養料

依例修従十二月十九日三箇日夜仏名懺悔布施供養料」穎伍佰玖拾貳束捌把参分

布施料穎肆佰伍拾陸束

三宝布施料糸陸勾　　直稲参拾陸束勾別陸束

衆僧漆口料穎肆佰貳拾束口別陸拾束

灯油参升　　直拾伍束升別伍束

供養料佰貳拾壹束捌把貳分

僧漆口　従童子漆口　金〔合カ〕拾肆口　単肆拾貳口

供米漆斗参升伍合僧日各貳升　童子日各壹升伍合

穎拾肆束漆把

饘粥料米壹斗貳升陸合僧日各肆合　童子日各貳合

穎参束伍把貳分

雑餅料米貳石伍斗貳升僧日各肆合　童子日各貳升
穎伍拾束陸把　直稲貳束肆把伍分升別貳把
塩菜料伍拾参束
大豆壹斗貳升貳合伍夕　直肆束玖把升別肆把
小豆壹斗貳升貳合伍夕　直参拾壹束伍把升別伍合〔束〕
油陸升参合　直参束貳把
芥子参升伍合　直壹束伍把陸分升別伍把
醤参升壹合伍夕　直肆束伍把
海藻伍斤拾肆両伍分　直肆束伍把斤別漆把
滑海藻伍斤拾肆両伍分　直陸把参分
紫苔参升壹合伍夕　直壹束壹把肆分升別三〔参〕把
塩参升漆合捌夕
〔上脱カ〕依例交易進民部省納年料雑器料穀穎肆佰伍拾捌束」壹把伍分
雑器価穀穎貳佰玖拾肆束捌把伍分

民部省納年料雑器料　(10)

〔酒槽拾漆隻　直稲佰貳束隻別陸束〕

円槽肆隻　直稲拾貳束□〔隻〕別□□〔参束〕

槽陸口　直稲陸拾束隻別拾束

輿籠伍拾口　直稲伍拾束口別壹束

臼捌腰　直稲参拾貳束腰別肆束

杵拾肆枝　直稲玖〔伍カ〕束陸把枝別肆把

喞佰漆拾伍柄　直稲参〔伍カ〕拾貳束貳〔伍カ〕把伍分〔衍カ〕柄別参把

置簣〔簀〕伍拾肆枚　直稲貳拾漆束〔把〕枚別伍束

持夫陸人経参箇日単貳拾貳束

功食料穎佰伍拾伍束貳把伍分

掃部寮年料薦料

依例交易進上掃部寮年料薦仟伍佰張料穎参仟参」佰漆拾伍束

薦仟伍佰張　直穎参仟束張料〔別〕貳束

駄佰貳拾伍疋負駄別拾張　賃料稲参佰漆拾伍束疋別参束

大炊寮年料大小麦料

依例交易進上大炊寮年料大・小麦料穎陸佰捌〔伍カ〕拾陸束参把〔衍カ〕

白馬夫等京上料

大麦参斛〔伍斗脱カ〕　直稲参拾伍束斗別壹〔束〕□

小麦参拾伍斛　直稲伍佰参〔貳カ〕拾伍束斗別壹束伍把

葟子玖斗　直稲拾捌束斗別参〔貳カ〕束

駄貳拾陸疋負駄別壹石伍斗　賃料稲漆拾捌束疋別参束

依例宛正月七日白馬参疋夫陸人祗承壹人幷漆人京上経貳拾箇日」料穎参拾捌束肆〔分カ〕把

単佰肆拾人　料稲参拾参束

粮米壹斛陸斗捌升人別壹升伍合」

塩壹斗陸升捌合　直稲伍束肆把〔分カ〕升別三〔参〕把

(11)

供御墨造進用途料

依例造進供御墨伍佰廷用途料穎佰〔衍カ〕拾捌束肆〔参カ〕把陸分

絁漆尺裹御墨料　直稲参束伍把

調布壹丈壹尺袋幷纏料　直稲貳束貳把

角膠伍拾斤　直稲貳拾伍束

紫草陸斤　直稲参拾陸束

薦壹枚□〔干御墨料〕　直稲□□〔壹束〕
食料白米壹斛捌斗捌升捌合料稲参拾伍束陸〔伍カ〕把
米分貳拾玖束伍把伍分
春功伍束玖把伍分
塩壹升陸合捌夕　直肆把肆分
海藻拾壹斤捌両　直肆束漆把貳分

掃部寮菅料
依例〔交易脱カ〕進上掃部寮菅伍佰囲料稲玖拾漆束捌把伍分
苅夫単佰人　人別玖囲
京上運夫貳佰拾伍人行程参个日　単参佰漆拾伍人
合単肆佰漆拾伍人
食料玖拾伍束人別貳把
塩玖升伍合　直貳束捌把伍分

左右馬寮蒭料
依例交易進上左右馬寮御馬野蒭貳仟斤料穎貳佰」伍拾束
左馬寮仟斤　直佰束

右馬寮仟斤　　直佰束

賃料稲伍拾束

諸社相嘗祭酒料

依例十一月諸社相嘗祭酒料貳佰貳拾壹〔衍カ〕束

大依羅社貳拾伍束　難波社貳拾束

(12)垂水社伍拾束　座摩社貳拾伍束

長田社伍拾束　生田社伍拾束

御贄料

依例御贄料稲玖仟貳佰伍拾肆束肆把

御贄　直稲捌仟捌佰陸拾束

持夫功食稲参佰玖拾肆束肆把

供御稲持夫用途料

依例進上供御稲持夫貳仟玖佰伍拾人用途料稲仟漆」佰玖拾玖束伍把伍分

食料仟漆佰漆拾束人別陸把

〔塩玖斗捌升伍合人別参合〕　〔直貳拾玖束伍把伍分〕

買充駅馬料

依例買立〔充〕駅馬貳拾捌疋価料稲伍仟伍佰束

上馬捌疋　直稲貳仟束疋別貳佰伍拾束

中馬拾疋　　直稲貳仟束疋別貳佰束

下馬拾疋　　直稲仟伍佰束疋別佰伍拾束

買充伝馬料

依例買立〔充〕伝馬十一〔拾壹〕疋価穎仟玖佰伍拾束

中馬陸疋　　直稲仟貳佰束疋別貳佰束

下馬伍疋　　直稲漆佰伍拾束疋別佰伍拾束

雲林院仏聖灯油料

依太政官符旨雲林院〔山城国〕仏聖灯油料稲貳仟肆佰陸拾捌」束伍把

仏聖供白米捌拾伍斛陸斗捌升料稲貳仟佰陸拾肆束肆把

灯油伍斗夜別参合　　直稲貳佰伍拾束升別伍束

納疋〔マヽ〕陸口　　直貳拾肆束口別肆束

持夫参人経参箇日単玖人　　功合〔食〕料稲貳拾玖束陸把反〔人〕別参□〔束〕参把

東大寺春秋灌頂会試年分料

依太政官符旨東大寺〔大和国〕春秋両度灌頂会幷試年分□〔料〕」稲玖佰拾参束捌把

油料稲参佰伍拾参束陸把

(13)

油陸斗　　直参佰束升別伍束

納疋〔マヽ〕陸口　　直貳拾肆束口別肆束

」

持夫三〔参〕人経参箇日単玖人　料稲貳拾玖束陸〔漆カ〕把

人別参束参把 食料壹束捌把 功壹束伍把

白米料伍佰伍拾玖束肆把

米分肆佰玖拾肆束玖分〔把〕

正米分肆佰参束

精代肆拾束参把

舂功伍拾壹束陸把

駄貳拾壹疋半　賃稲陸拾肆束伍把

法性寺妙覚院
灯油料

〔依太政官符旨宛法性寺妙覚院灯油料穎伍佰陸拾〕□□」参束陸把参分

油壹石　直稲伍佰束升別伍束

納疋〔マヽ〕陸口　直稲貳拾肆束口別肆束

持夫拾貳人料

食料貳拾壹束陸把人別壹束捌把

功料拾捌束人別壹束伍把

大帳使料

大帳使　料稲伍〔陸カ〕束陸〔貳カ〕把捌分
雑〔掌脱カ〕壹人　従貳人
食料稲肆束伍把
塩貳升参合　直陸把捌分
酒貳升貳合　直壹束壹把

調帳使料

調帳使　料稲伍〔陸カ〕束陸〔貳カ〕把捌分
雑掌壹人　従貳人
食料稲肆束伍把
塩貳升参合　直稲陸把捌分
酒貳升貳合　直稲壹束壹把

国司巡検所部料

(14)

依例国司巡検所部料穎捌佰拾漆束漆把参分
単仟漆佰玖拾漆〔人脱カ〕
目以上伍拾玖　史生佰肆拾貳　従仟佰参拾陸
飯料米貳拾肆石壹斗目已上日各貳升　従日各壹升

」

穎肆佰捌拾貳束参把
塩貳斗肆升壹合目已上日各貳夕　従日各壹夕
穎漆束貳把参分
酒陸石参斗漆升目已上日各壹升
穎参佰拾捌束伍把升別伍把

出挙正税使

□□□□□□□〔出挙正税使貳度単〕伍佰□〔肆〕〔人脱カ〕
春壹度
目已上肆人　史生貳人〔壹カ〕　従捌人
合拾参人　経拾伍箇日
夏壹度
目已上肆人　史生貳人〔壹カ〕　従捌人
合拾参人　経拾伍箇日

責計帳手実使

責計帳手実使単参拾伍人
掾壹人　目壹人　史生貳人〔壹カ〕　従肆人

合漆人　経伍箇日

検調庸物使

検調庸物〔使脱カ〕壹度　単漆拾〔人脱カ〕

掾壹人　目壹人　史生壹人　従肆人

合漆人　経拾箇日

正税収納使

正税収納使単貳佰捌拾〔人脱カ〕

掾貳人　目貳人　史生貳人　□〔従捌人〕」

合拾肆人　経貳拾箇日

臨時用穀穎

(15)

臨時用穀穎仟貳佰肆拾伍束捌把伍分

穀陸佰捌拾漆石伍斗捌升

穎伍佰伍拾捌束貳把陸分

急速用途

依左弁官　年　月　日宣旨交易進上急速用途」精好絹参疋直穎玖拾束

遷幸内裏用途

依左弁官　年　月　日宣旨交易進上遷幸大内用」途精好絹貳疋直穎陸拾束

八省御斎会用途

依左弁官　年　月　日宣旨交易進〔上脱〕八省御斎会用途」雑菜料穀佰拾参石

蓮根伍拾節　直穀伍石

荊根貳佰節〔根尊肆佰把〕　直穀貳拾石〔直肆拾石〕
蔓菁貳石伍斗　直穀貳拾伍石
〔薯蕷〕暑預焼苞各伍斗　直貳拾石

住吉広田両社奉幣使用途
依左弁官　年　月　日宣旨奉幣住吉・広田両社」使用途料稲玖拾捌束貳把陸
分

○三行分空白

賀茂祭唐鞍修理用途
依蔵人所御牒交易進上賀茂祭唐鞍修理用途精好絹貳疋」料穎陸拾束

四月更衣用途
依蔵人所御牒交易進上四月御更衣用途精好絹伍疋」直穎佰伍拾束」

最勝講用途 (16)
依蔵人所御牒交易進上最勝御講用途料手作布参段」直穀捌拾肆石

元三御簾用途
依蔵人所御牒交易進上元三御簾用途精好絹貳疋移花」壹帖料稲漆拾陸束

賀茂臨時祭用途
依蔵人所御牒交易進上賀茂臨時祭用途精好絹参疋」移花貳帖直穎佰貳拾貳束

遺
遺穀穎貳拾参萬参仟玖佰参拾漆束
穀

不動
動用
穎
不動
動用
糒肆佰捌拾壹石貳斗漆升〔正倉〕

不動倉貳拾陸宇
穀倉拾参宇
穎倉拾参宇
粮倉拾参宇
糒倉拾参宇
動用倉
穀倉拾参宇

不動倉
穀倉
穎倉
粮倉
糒倉
動用倉

倉印

穎倉拾参宇

粮倉拾参宇

糒倉拾参宇

倉印貳拾六面〔陸〕

不動倉拾参面　動用倉拾参面

鎰貳拾陸勾

〔不〕
□動倉拾参勾　動用倉拾参勾

○以下空白

鎰 (17)

219 【十一月廿五日裏】 ○各紙横界線有リ、207号ニ続ク

（前欠）

医師陸段

史生参人壹町捌段

船瀬功徳田肆町壹段参拾歩

一国総計不輸租田の部 (1)

摂津国租帳案

船瀬料田貳拾壹町拾(マヽ)段伍拾壹歩
興福寺(大和国)施入田拾貳町漆段参拾肆歩
以公田返入西大寺(大和国)田貳拾肆町貳段参拾肆歩
四天王寺(摂津国)荒符〔蒔カ〕玖佰貳拾町玖段貳佰捌拾漆歩
〔同寺功久良地貳拾町カ〕

同寺丹波田拾壹町壹段陸拾陸歩
神護寺(山城国)施入田漆町
伝法院施入田参拾漆町佰貳拾捌歩
右馬寮田壹町玖段佰漆拾肆歩
左衛門府田貳町参佰肆拾捌歩
右衛門府田貳町参佰肆拾歩
勅旨田捌拾壹町貳段佰拾伍歩
　朱雀院勅旨田伍拾町
新院勅旨田佰町

東大寺領細原荘
一国総計輸租田の部 (2)

(大和国)東大寺細原庄〔田漆拾玖町漆段佰歩カ〕

西生郡別院所田壹段佰捌拾歩　○前葉トノ間ニ欠葉有ルカ

(摂津国)水成〔無〕瀬行幸儲所田壹段

博士職田肆町捌段佰捌拾歩

品田漆町肆段佰捌拾歩

冷泉院田佰貳拾玖歩

賜田貳拾壹町貳段捌拾貳歩

位田肆佰貳拾伍町貳佰拾玖歩

功田漆町参段玖拾肆歩

神田肆段　(摂津国)功比〔阿カ〕太神貳段　(摂津国)謂雄〔伊居太〕神貳段

助教博士職田肆町

書博士職田壹町

算博士職田壹町

淳和院田貳拾捌町伍段貳拾玖歩

旧勅旨田漆拾参町捌段捌拾伍歩
郡司職田佰伍拾参町参段拾貳歩
椋人諸成家地壹町
墾田漆佰捌拾伍町貳段参佰歩
一身田貳佰肆拾伍町参段佰肆拾陸歩」

(3)

高陽院田陸拾□
恒縁〔統カ〕親王〔淳和天皇皇子〕田捌町参段貳拾陸歩
不給百姓常荒田肆拾肆町捌段貳佰玖拾肆歩
時子内親王〔仁明天皇皇女〕田貳町漆段貳佰参拾歩
有子内親王〔淳和天皇皇女〕田陸町壹段参佰参歩
口分田伍仟参佰参拾玖町参段陸拾肆歩
　京戸口〔田〕仟肆佰参町壹段貳佰捌拾歩
　　左京陸佰捌町参段佰伍拾肆歩
　　右京田〔マヽ〕漆佰玖拾肆町捌段佰貳拾陸歩

土戸田肆仟拾町漆段参佰肆拾歩
不堪佃漆佰参拾漆町玖段佰漆拾肆歩
堪佃陸仟陸佰肆拾壹町伍段佰貳拾捌歩
例不参田仟玖佰玖拾貳町肆段貳佰拾捌歩
得田肆仟陸佰肆拾玖町貳佰漆拾歩
応輸祖〔租、以下同〕稲陸萬玖仟漆佰参拾陸束壹把貳分陸毛
雑散稲萬束
〔摂津国〕住吉神戸伍拾捌烟　祖稲貳仟参佰貳拾束
〔摂津国〕大依羅神戸捌烟　祖稲参佰貳拾束
〔摂津国〕難波大社神戸貳烟　祖稲捌拾束
〔摂津国〕下照比〔売〕壹神戸壹烟　祖稲肆拾束
〔摂津国〕〔座摩神戸貳烟　祖稲捌拾束カ〕
(4)
〔摂津国〕新屋神戸壹烟　祖稲肆拾束
〔摂津国〕垂水神戸貳烟　祖稲捌拾束

（摂津国）広田神戸伍拾壹烟　祖稲貳仟肆拾束
（摂津国）名次神戸貳烟　祖稲捌拾束
（摂津国）佐牙神戸玖烟　祖稲参佰陸拾束
（摂津国）生田神戸肆拾肆烟　祖稲仟〔漆脱〕佰陸拾束
（摂津国）長田神戸参拾貳烟　祖稲仟貳佰捌拾束
（摂津国）大神神戸参拾捌烟　祖稲仟伍佰貳拾束
定納官稲伍萬玖仟漆佰参拾陸束壹把貳分陸毛

○二行分空白

住吉郡

住吉郡
合肆佰玖拾捌町参段伍拾伍歩
不輸祖地子田貳佰伍拾漆町佰伍拾伍歩
神田捌町玖拾壹歩
寺田拾玖町伍段貳佰捌拾伍歩
郡司職田参町漆段参佰歩

職写田漆拾参町漆段参佰歩　〇次行〔定田貳佰肆拾壹町貳段貳佰陸拾歩〕・〔地子田参段〕・〔租田貳佰貳拾玖町佰捌拾歩〕脱カ

220 【十一月廿五日至十二月廿五日裏】

〇各紙横界線有リ、218号第四紙七行目以降ト同内容

(1)

（前欠）

〔摂津国〕〔生田神戸〕□□□〔肆拾肆〕烟　□稲□□□□□〔租仟漆佰陸拾束〕

〔摂津国〕長田神戸参拾貳烟　祖〔租、以下同〕稲仟貳佰捌拾束

〔摂津国〕大神社神戸参拾烟　祖稲仟貳佰束

定納官稲伍萬玖仟漆佰参拾陸束壹把貳分

都合定穀穎

穀

不動

動用

穎

不動穀倉底敷仟参佰束

定貳拾玖萬参仟肆佰束

糒

雜用穀穎

雜用穀穎肆萬玖仟漆佰陸拾肆束参把漆分

穀

穎

例用穀穎

例用穀穎参萬玖仟参佰拾捌束伍把参分

穀穎萬陸仟貳佰伍拾貳石

穎参萬参仟佰陸拾陸束伍把貳分

国内名神七十五座幣帛料

依例供奉国内名神漆拾伍座幣帛料穎参佰伍拾壹束伍把

神社漆拾伍所大社伍所　小社漆拾所

糸参拾捌勾参両　　価穎貳佰参拾肆束捌把勾別陸束

大社拾伍両各参両　　小社佰肆拾両各貳両

綿参拾捌屯参両　　価穎佰拾陸束漆把屯別参束

大社拾伍両各参両　　小社佰肆拾両各貳両

国分寺最勝王経転読悔過三宝僧尼布施料

(2)

依例自正月八日迄于十四日一七箇日於国分寺転読最勝王」経悔過三宝僧尼布施

料穎仟漆佰玖拾漆束

〔三宝布施糸参拾勾　直稲佰捌拾束勾別陸束〕

僧尼参拾参口布施　直穎仟陸佰拾漆束

講・読〔師脱カ〕弐口　聴衆弐拾口　尼拾口

定座沙弥・従沙弥二〔弐〕口

絁参拾参疋口別壹疋　直穎玖佰玖拾束疋別参拾束

綿参拾参屯口別一〔壹〕屯　直穎玖拾玖束屯別三〔参〕束

調布陸拾陸段口別二〔弐〕反　直穎伍佰弐拾捌束段別捌束

国庁吉祥悔過七僧料

依例自正月八日至十四日於国庁行吉祥悔過七僧料穎仟佰参拾」捌束弐把捌分

布施料穎参佰漆〔肆カ〕拾捌〔参カ〕束

絁漆疋口別壹疋　直穎弐佰拾束疋別参拾束

綿漆屯口別壹屯　直穎弐拾壹束屯別参束

調布拾肆段口別弐段　直穎佰拾弐束段別捌束

□□〔法服〕料穎□〔陸佰漆拾貳束〕

絁貳拾壹疋各参疋　直穎陸佰参拾束疋別参拾束

綿拾肆屯各二〔貳〕屯　直穎肆拾貳束屯別参束

灯明油漆升　直穎参拾伍束升別伍束

供養料穎伍拾貳束〔参把脱カ〕捌分

飯料米貳斗捌升日各二〔貳〕升　穎伍束陸把

饘粥米伍升陸合日各肆合　穎壹束貳把

雑餅米伍斗陸升日各肆升　穎拾壹束貳把

塩菜料参拾貳束参把捌分

大豆漆升日各伍合　直壹束伍把升別二〔貳〕把

小豆漆升日各伍合　直貳束捌把升別肆把

油貳斗〔升カ〕捌合日各貳合　直拾肆束升別伍束

醤壹升肆合日各壹合　直参把升別貳把

□〔酢壹升肆〕合日各壹□〔合〕□〔直漆把升別伍把〕

(3)

味醤壹升肆合日各壹合　直参把□〔升〕別貳把
海藻貳斤拾両日各参両　直貳束漆把斤別一〔壹〕束
滑海藻貳斤拾両日各参両　直貳束漆把斤別壹束
於期〔菜脱カ〕貳斤拾両日各参両　直貳束漆把斤別壹束
大凝菜拾肆両日各壹両　直捌把斤別壹束
芥子拾肆両日各壹両　直参束
紫菜拾肆両日各壹両　直壹束
塩壹升陸合捌夕日各壹合貳夕　直壹束陸把捌分升別壹束

金光明寺金剛般若経転読三宝布施料

依例春秋二仲月各於〔摂津国〕金光明寺転読金剛般若経三宝」布施料穀穎参佰〔拾脱カ〕束
三宝布施綿拾屯　直穎参拾束屯別参束
調布参拾伍段口別壹段　直穎貳佰捌拾束
僧尼参拾伍口 講・読〔師脱カ〕貳口　衆僧貳拾口　尼拾口
〔呪願・唄・散花各壹口〕

元日朝拝料

依例正月元日朝拝国司以下郡司以上佰伍人料穎伍拾束」貳把伍〔漆カ〕分
飯料米壹斛伍升人別壹束　料稲貳拾壹束

塩壹升伍合　直稲参束弐□〔分〕

酒壹斛伍升人別壹升　直稲弐拾陸束弐把伍分

金剛般若経転読布施料

依例奉為崇道天皇〔早良親王〕春秋二季転読金剛般若経布施」料穎仟〔衍カ〕肆佰捌〔衍カ〕拾束〔弐脱カ〕

三宝布施綿弐拾屯　直稲陸拾束屯別参束

衆僧布施調布肆拾肆段　直稲参佰伍拾弐束反別捌束

講師弐口　読師弐口　僧肆拾口并肆拾肆反□〔口〕別□〔壹〕段

釈奠祭料

依例宛春秋釈尊〔奠〕祭料穀穎弐佰拾弐束弐把

先聖・先師弐座料穀穎漆拾玖束

(4)

米捌升　直稲拾陸束

酒〔捌升　直稲肆束升別伍把〕

脯肆斤　直稲肆束

蚫肆斤　直稲肆束

雑腊肆斤　直弐束升〔斤カ〕別伍把

菓子肆斤　直稲肆束

油貳升　　直稲拾束升別□〔伍〕束

幣絹壹疋壹丈貳尺　　直稲参拾伍束疋別参拾束

国司以下学生以上参拾捌人料穎佰貳拾三〔参〕(衍カ)束貳把

飯料米漆斗陸升　　穎拾伍束貳把

酒漆斗陸升人別壹〔貳カ〕升　　直稲参拾捌束

脯貳〔拾脱〕参斤拾参両人別伍両　　直稲貳拾肆束斤別壹束

鰒貳拾参斤拾参両人別伍両　　直貳拾肆束斤別壹束

腊参斗捌升人別伍合　　直拾玖束□〔升〕別伍把

金光明寺安居講説最勝王経料

依例七月十五日金光明寺安居講説最勝王経□□〔料穎〕参□□□〔仟漆佰〕伍拾捌束陸把参分

布施料貳仟参佰伍拾貳束参把

三宝御布施糸参拾勾　　直佰捌拾束勾別陸束

僧尼絁・綿・調布料穎　　直貳仟佰漆拾貳束

絁肆拾捌疋　　直稲仟肆佰肆拾束疋別参拾□〔束〕

講師拾疋　読師伍疋　呪願・唄・散花各貳疋

聴衆僧尼貳拾漆口各壹疋

綿肆拾肆屯　直稲佰参拾貳束屯別参束

講師貳拾屯　読師拾屯　呪願・散花・唄各肆屯

定座沙施〔弥〕貳屯

調布漆拾伍段　直穎陸佰束反別捌束

講師貳拾段　読師拾反　呪願・散花・唄各肆段

僧尼貳拾漆口各壹段　定座沙弥貳段　講・読師従沙弥各貳段

〔法服料絁拾〕疋　講〔・読師各伍疋　直穎参佰束疋別参拾束〕

(5)

供養料仟玖拾陸束漆把貳分

経日玖拾箇日従肆月八日迄于七月十五日

米貳〔拾脱〕壹斛伍斗壹升　料穎肆佰参拾束貳把

飯漆斛陸斗伍升講・読師日別二〔貳〕升定座沙弥・従沙弥各一〔壹〕升伍合

粥料壹石貳斗陸升講・読師日別肆合定座沙弥・従沙弥日別肆合

雑餅料貳石陸斗講・読師日別肆升定座沙弥・従沙弥日別各貳升

雑〔塩〕菜料穎陸佰陸拾伍束捌把貳分
大豆壹石伍斗陸升伍合
小豆壹石伍斗陸升伍合
油陸斗参升日別一〔壹〕合
醤参斗壹升伍合日別一〔壹〕合
酢壹斗捌升伍合
味曾〔噌〕参斗壹升伍合
□□〔海藻〕伍拾玖斤壹両
滑海藻伍拾玖斤壹両
於期菜伍拾玖斤壹両
大凝菜伍拾玖斤壹両
芥子伍拾玖斤拾壹両
紫苔参斗壹升伍合
塩参斗陸升玖合

直拾伍束陸把〔参拾壹束参把カ〕伍分升別貳把
直稲貳拾束伍把〔陸拾貳束陸把カ〕升別肆把
直参佰拾伍束升□〔別〕伍束
直稲拾伍束陸〔漆カ〕把伍分升別伍把
直玖束参把
直稲陸束参把
□□□□□〔直貳拾参束陸〕把貳分□□□□〔斤別肆把〕
直貳拾参束陸把貳分
直貳拾参束陸把貳分斤別肆把
直稲参拾壹束伍把
直拾貳束陸把斤別陸把
直拾捌束玖把升別陸把
直稲拾壹束貳把漆〔衍カ〕分升別三〔参〕□〔把カ〕

仏名懺悔布施供養料

依例修従十二月十九日三箇日夜仏名懺悔布施供養料」穎伍佰玖拾貳束捌把参分

布施料穎肆佰伍拾陸束

三宝布施料糸陸勾　直稲参拾陸束勾別陸束

衆僧漆口料穎肆佰貳拾束口別陸拾束

灯油参升　直拾伍束升別伍束

供養料佰貳拾壹束捌把貳分

〔僧漆口　従童子漆口　合拾肆口　単肆拾貳口〕

(6)

供米漆斗参升伍合僧日各貳升　童子日各壹升伍合

穎拾肆束漆把

饘粥料米壹斗貳升陸合僧日各肆合　童子日各貳合

穎参束伍把貳分

雑餅料米貳石伍斗貳升僧日各肆合　童子日各貳升

穎伍拾束陸把

塩菜料伍拾参束

大豆壹斗貳升貳合伍夕　直稲貳束肆把伍分升別貳把
小豆壹斗貳升貳合伍夕　直肆束玖把升別肆把
油陸升参合　直参拾壹束伍把升別伍合〔束〕
芥子参升伍合　直参束貳把
醤参升壹合伍夕　直壹束伍把陸分升別伍把
海藻伍斤拾肆両伍分　直肆束伍把
滑海藻伍斤拾肆両伍分　直肆束伍把斤別漆把
紫苔参升壹合伍夕　直陸把参分
塩参升漆合捌夕　直壹束壹把肆分升別三〔参〕把

民部省納年料雑器料

依例交易進〔上脱カ〕民部省納年料雑器料穀穎肆佰伍拾捌束」壹把伍分
雑器価穀穎貳佰玖拾肆束捌把伍分
酒槽拾漆隻　直稲佰貳束隻別陸束
円槽肆隻　直稲拾貳束隻別参束
槽陸口　直稲陸拾束隻別拾束

輿籠伍拾口　　直稲伍拾束口別壹束

臼捌腰　　直稲参拾貳束腰別肆束

杵拾肆枝　　直稲玖〔伍カ〕束陸把枝別肆把

匏□□□□〔佰漆拾伍柄カ〕　　直稲参〔伍カ〕拾貳束貳〔伍カ〕把柄別参把

置簀〔簀〕伍拾肆枚　　直稲貳拾漆束□〔枚別伍把〕□」

(7)持夫陸人経参箇日単貳拾貳束

功食料穎佰伍拾伍束貳把伍分

掃部寮年料薦料

依例交易進上掃部寮年料薦仟伍佰張料穎参仟参」佰漆拾伍束

薦仟伍佰張　　直穎参仟束張料〔別〕貳束

駄佰貳拾伍疋負駄別拾張　　賃料稲参佰漆拾伍束疋別参束

大炊寮年料大小麦料

依例交易進上大炊寮年料大・小麦料穎陸佰捌〔伍カ〕拾陸束参〔衍カ〕把

大麦参斛〔伍斗脱カ〕　　直稲参拾伍束斗別壹束

小麦参拾伍斛　　直稲伍佰参〔貳カ〕拾伍束斗別壹束伍把

蔓子玖斗　　直稲拾捌束斗別参〔貳カ〕束

駄貳拾陸疋負駄別壹石伍斗　賃料稲漆拾捌束疋別参束

白馬夫等京上料

依例宛正月七日白馬参疋夫陸人祇承壹人并漆人京上経貳拾箇□〔日〕料穎参拾捌束
肆把〔分カ〕

単佰肆拾人

粮米壹斛陸斗捌升人別壹升伍合　料稲参拾参束

塩壹斗陸升捌合　直稲伍束肆把〔分カ〕升別三〔参〕把

供御墨造進用途料

依例造進供御墨伍佰廷用途料穎佰拾〔衍カ〕捌束肆把〔参カ〕陸分

絁漆尺裹御墨料　直稲参束伍把

調布壹丈壹尺袋幷纏料　直稲貳束貳把

角膠伍拾斤　直稲貳拾伍束

紫草陸斤　直稲参拾陸束

薦壹枚干御墨料　直稲壹束

食料白米壹斛捌斗捌升捌合料稲参拾伍束陸把〔伍カ〕

米分貳拾玖束伍把伍分

□□〔春功伍束玖把〕伍分

塩壹升陸合捌夕　直肆把肆分

海藻拾壹斤捌両　直肆束漆把貳分」

掃部寮菅料　(8)

依例〔交易脱カ〕進上掃部寮菅伍佰囲料稲玖拾漆束捌把伍分

苅〔刈〕夫単佰人　人別玖囲

京上運夫貳佰拾伍人行程参个日　単参佰漆拾伍人

合単肆佰漆拾伍人

食料玖拾伍束人別貳把

塩玖升伍合　直貳束捌把伍分

左右馬寮蒭料

依例交易進上左・右馬寮御馬野蒭貳仟斤料穎貳佰」伍拾束

左馬寮仟斤　直佰束

右馬寮仟斤　直佰束

□□〔賃料カ〕稲伍拾束

諸社相嘗祭酒料

依例□□〔十一〕月諸社相嘗祭酒料貳佰貳拾壹〔衍カ〕束

大依羅社貳拾伍束　難波社貳拾束
垂水社伍拾束　座摩社貳拾伍束
長田社伍拾束　生田社伍拾束

御贄料
依例御贄料稲玖仟貳佰伍拾肆束肆把

御贄　直稲捌仟捌佰陸拾束

持夫功食稲参佰玖拾肆束肆把

供御稲持夫用途料
依例進上供御稲持夫貳仟玖佰伍拾人用途料稲仟漆」佰玖拾玖束伍把伍分

食料仟漆佰漆拾束人別陸把

塩玖斗捌升伍合人別参合　直貳拾玖束伍把伍分

買充駅馬料
依例買立〔充〕駅馬貳拾捌疋価料稲伍仟伍佰束

上馬捌疋　直稲貳仟束疋別貳佰伍拾束
〔中馬拾疋　直稲貳仟束疋別貳佰束〕

下馬拾疋　直稲仟伍佰束疋別佰伍拾束

買充伝馬料
依例買立〔充〕伝馬十一〔拾壹〕疋価穎仟玖佰伍拾束

(9)

中馬陸疋　直仟貳佰束疋別貳佰束

下馬伍疋　直漆佰伍拾束疋別佰伍拾束

雲林院仏聖灯油料

依太政官符旨雲林院仏聖灯油料稲貳仟肆佰陸拾捌束伍把

仏聖供白米捌拾伍斛陸斗捌升料稲貳仟佰陸拾肆束肆把

灯油伍斗夜別参合　直稲貳佰伍拾束升別伍束

納疋（マ、）陸口　直貳拾肆束口別肆束

持夫参人経参箇日単玖人功合〔食〕料稲貳拾玖束陸把人別参束参把

東大寺春秋両度灌頂会試年分料

依太政官符旨東（大和国）大寺春秋両度灌頂会并試年分料」稲玖佰拾参束捌把

油料稲参佰伍拾参束陸把

油陸斗　直参佰束升別伍束

納疋（マ、）陸口　直貳拾肆束口別肆束

持夫三〔参〕人経参箇日単玖人　料稲貳拾玖束陸〔漆カ〕把

人別参束参把食料壹束捌把　功壹束伍把

白米料伍佰伍拾玖束肆把

米分肆佰玖拾肆束玖分〔把〕
正米分肆佰参束
精代肆拾束参把
春功伍拾壹束陸把
駄貳拾壹疋半　賃稲陸拾肆束伍把

法性寺妙覚院灯油料

依太政官符旨宛法性寺（山城国）妙覚院灯油料潁伍佰陸拾」参束陸把参分
油〔壹石　直稲伍佰束升別伍束〕
納（マヽ）正陸口　直稲貳拾肆束口別肆束

(10)

持夫拾貳人料
食料貳拾壹束陸把人別壹束捌把
功料拾捌束人別壹束伍把

大帳使料

大帳使　料稲伍〔陸カ〕束陸〔貳カ〕把捌分
雑〔掌脱カ〕壹人　従貳人
食料稲肆束伍把

」

塩貳升参合　直陸把捌分
酒貳升貳合　直壹束壹把

調帳使料

調帳使　料稲伍〔陸カ〕束陸〔貳カ〕把捌分
雑掌壹人　従貳人
食料稲肆束伍把
塩貳升参合　直稲陸把捌分
酒貳升貳合　直稲壹束壹把

国司巡検所部料

依例国司巡検所部料穎捌佰拾漆束漆把参分
単仟漆佰玖拾漆〔人脱カ〕
目以上伍拾玖　史生佰肆拾貳　従仟佰参拾陸
飯料米貳拾肆石壹斗目已上日各貳升　従日各壹升
穎肆佰捌拾貳束参把
塩貳斗肆升壹合目已上日各貳夕　従日各壹夕
穎漆束貳把参分

出挙正税使

酒陸石参斗漆升目已上日各壹升

穎参佰拾捌束伍把升別伍把

出挙正税使貳度単伍佰肆〔人脱カ〕

春壹度

目已上肆人　史生貳〔壹カ〕人　従捌人

〔合拾参人　経拾伍箇日〕

(11)

夏壹度

目已上肆人　史生貳〔壹カ〕人　従捌人

合拾参人　経拾伍箇日

責計帳手実使

責計帳手実使単参拾伍人

掾壹人　目壹人　史生貳〔壹カ〕人　従肆人

合漆人　経伍箇日

検調庸物使

検調庸物壹度〔使脱カ〕　単漆拾〔人脱カ〕

掾壹人　目壹人　史生壹人　従肆人

合漆人　経拾箇日

正税収納使

正税収納使単貳佰捌拾〔人脱カ〕

掾貳人　目貳人　史生貳人　従捌人

合拾肆人　経貳拾箇日

臨時用穀穎

臨時用穀穎仟貳佰肆拾伍束捌把伍分

穀陸佰捌拾漆石伍斗捌升

穎伍佰伍拾捌束貳把陸分

急速用途

依左弁官　年　月　日宣旨交易進上急速用途」精好絹参疋直穎玖拾束

遷幸内裏用途

依左弁官　年　月　日宣旨交易進上遷幸大内□〔用〕」途精好絹貳疋直穎陸拾束

八省御斎会用途

依左弁官　年　月　日宣旨交易進〔上脱〕八省御斎会用途」雑菜料穀佰拾参石

蓮根伍拾節　直穀伍石

荊根貳佰節　直穀貳拾石

根蓴肆佰把　直肆拾石

〔菁貳石伍斗　直穀貳拾伍石〕

蔓□

暑預〔薯蕷〕焼芼各伍斗　　直貳拾石

住吉広田両社奉幣使用途 (12)

依左弁官　年　月　日宣旨奉幣住吉(摂津国)・広田(摂津国)両社」使用途料稲玖拾捌束貳把陸
分

〇三行分空白

賀茂祭唐鞍修理用途

依蔵人所御牒交易進上賀茂祭唐鞍修理用途精好絹貳疋」料穎陸拾束

四月更衣用途

依蔵人所御牒交易進上四月御更衣用途精好絹伍疋」直穎佰伍拾束

最勝講用途

依蔵人所御牒交易進上最勝御講用途料手作布参段」直穀捌拾肆石

元三御簾用途

依蔵人所御牒交易進上元三御簾用途精好絹貳疋移花」壹帖料稲漆拾陸束

賀茂臨時祭用途

依蔵人所御牒交易進上賀茂臨時祭用途精好絹参疋」移花貳帖直穎佰貳拾貳束

遺

遺穀穎貳拾参萬参仟玖佰参拾漆束
　穀
　　不動
　　動用
　穎

不動

動用

糒肆佰〔捌拾壹〕□□□石貳斗漆〔升〕□

正倉

不動倉貳拾陸宇

穀倉拾参宇

頴倉拾参宇

粮倉拾参宇

糒倉拾参宇

動用倉

穀倉拾参宇

頴倉拾参宇

粮倉拾参宇

糒倉拾参宇

不動倉

穀倉 ⒀

頴倉

粮倉

糒倉

動用倉

」

倉印

倉印貳拾六〔陸〕面

不動倉拾参面　動用倉拾参面

鎰

鎰貳拾陸勾

不動倉拾参勾　動用倉拾参勾

○以下空白

摂津国調帳案

221【十二月廿五日至卅日裏】 ○各紙横界紙有リ、204号第六紙十五行目以降ト同内容

東生郡 (1)

（前欠）

（摂津国）難波大神戸　丁

（摂津国）広田神戸　丁

（摂津国）生田神戸　丁

（摂津国）長田神戸　丁

定納官丁

輸調乾元銭

薦　　丁

折薦　丁

葉薦　丁

木器参佰物　丁

陶器

鍛治〔冶、以下同〕戸調丁

輸〔銭脱〕

西生郡

西生郡

管郷

大帳定課丁

惣除散丁

輸〔調脱〕乾元銭

大帳後死丁

免調銭　○次行〔例損戸丁〕・〔免調銭〕脱カ

(2)

（摂津国）大依羅神戸　丁

（摂津国）難波大神戸　丁

（摂津国）大神封戸　丁

広田神戸　丁

生田神戸　丁

〔長田神戸　丁〕

定納官丁

輸調乾元銭

薦

折薦　丁

葉薦　丁

木器参佰物　丁

陶器　丁

鍛治戸調丁

嶋上下郡

輸銭

嶋上下郡

管郷

大帳定課丁

惣除散丁

輸〔調脱〕乾元銭

大帳後死丁

免調銭

例損戸丁

免調銭

大依羅神封戸　丁

難波大神戸　丁

大神封戸　丁

広田神戸　丁

(3)

」

生田神戸　丁
長田神戸　丁
定納官丁
輸調乾元銭　〔薦　丁〕

折薦　丁
葉薦　丁
木器貳佰物　丁
陶器　丁
鍛治戸調丁
輸銭
河辺郡
管郷
大帳定課丁

惣除散丁

輸調乾元銭

大帳後死丁

　免調銭

例損戸丁

　免調銭

大依羅大神戸　丁

難波〔大脱〕神戸　丁

大神封戸　丁

(4)

広田神戸　丁

生田神戸　丁

長田神戸　丁

定納官丁

輸調乾元銭

薦
折薦　丁
葉薦　丁
木器貳佰物〔陶器〕　丁
鍛治戸調丁
輸銭
武庫郡
管郷
大帳定課丁
惣除散調（衍）丁
輸調乾元銭
大帳後死丁
免調銭

武庫郡

例損戸丁
免調銭
大依羅神戸　丁
難波大神戸　丁
広田大(衍)神戸　丁
生田大(衍)神戸　丁
長田大(衍)神戸　丁
定納官丁
(5)
輸調乾元銭
薦　丁
折薦　丁
葉薦　丁
木器貳佰物　丁
陶器

」

鍛治戸調丁
輸銭
菟原郡
管郷
〔大帳定課丁〕

惣除散調〔丁〕銭〔銭〕(衍)丁
輸調乾元銭ヽ
大帳後死丁
免調銭
例損戸丁
免調銭
大依羅神戸　丁
難波大神戸　丁
大神封戸　丁

広田神戸　丁
生田神戸　丁
長田神戸　丁
（摂津国）菟原住吉神〔戸脱〕陸□〔烟〕　丁
定納官丁
輸調乾元銭
薦
折薦　丁
葉薦　丁
木器貳佰物　丁
陶器　丁
鍛冶戸調丁
輸銭
八部郡

(6)

」

管郷　〇次行〔大帳定課丁〕脱カ
惣除散（衍）調丁
輸調乾元銭
〔大帳後死丁〕
免調銭
例損戸丁
免調銭
大依羅神戸　丁
難波大神戸　丁
大神封戸　丁
広田神戸　丁
生田神戸　丁
長田神戸　丁
定納官丁

輸調乾元銭

薦

（7）

折薦　　　　丁

〔薦　　　　丁〕

葉

木器貳佰物　　丁

陶器　　　　丁

鍛治戸調丁

輸銭

有馬郡

有馬郡

管郷

大帳定課丁

惣除散調丁（衍）

輸調乾元銭

大帳後死丁

免調銭

例損戸丁

〔免調銭〕

大依羅神戸　丁

難波大神戸　丁

大神封戸　丁

広田神戸　丁

生田神戸　丁

長田神戸　丁

定納官丁

輸調乾元銭

薦

折薦

葉薦

(8)

木器貳佰物
陶器
鍛治戸調丁
輸銭
能勢郡

能勢郡
管郷
大帳定課丁　○次行〔惣除散丁〕脱カ
輸調乾元銭
大帳後死丁
免調銭
例損戸丁
免調銭
大依羅神戸
難波大神戸

〔大神封戸〕

広田神戸

生田神戸

長田神戸

定納官丁

輸調乾元銭

薦

折薦

葉薦

木器貳佰物

(9)

陶器

鍛治戸調丁

輸銭

○以下空白

長承二年夏秋巻

越前国志比荘荘官百姓等連署言上状

当年荘内不作田多し

天下一同の疫病

蚕養不熟

222【四月十八日至廿三日裏】

(1)
最勝光院（山城国）御領越前国志比御庄官・百姓等謹言上、

為当御庄内不作田幷蚕養不熟之間、条々愁状、

一、当年不作田御庄内多々云々、而今春ハ百姓等成勧農之志、各□」宛種蒔苗了、其後三月之中旬之比、雨大雷天苗損亡之上、□□（庄民カ）」不残一人、天下一同之依疫病或死之輩、已繁多也、其数已七十□」雖然病死未止、或雖為存命無力無極之上、二三ケ度返病事、□」勝計、其間ニ夫ハ得少減者、妻ハ受重病、如此之間ニ、先為助□」忘田疇耕作之思哉、於今年之疫病者、不限当御庄一所、諸□（国カ）」之煩也、就中ニ当御庄ハ、勧農最中ニ病死云々、而此ノ四五ケ年□」愁歎多々云々、莫過于方々愁吟、今年又世間尋食ニ、無其隠者□」請不作見在之地、欲蒙御免除矣、

一、当年之蚕養不熟之間、御□（服カ）定闕如之由云々、是又不限当御□（庄カ）」一国一同事也、然之間、桑□功ニ不採之上ニ、以前所令言上之、□（依カ）疫□（病カ）」□［　　　　　　　　］□□」

免、但於今年之桑者、大略不採之条顕然者也矣、

百姓等仕丁兵士等を勤仕せず

(2)

一、仕丁并御寺兵士等、于今於不勤仕之条者、非百姓等之難」儀、偏ニ依此疫病、百姓等一人モ不叶行歩之間、不企参洛者矣、」於二三月之仕丁并五月兵士闕如之条者、欲蒙御優免矣、

見在に任せて条々の免除を訴う

以前条々如此、早任解状理、一々ニ蒙御裁定、百姓等可成安□〔堵カ〕」者也、若任見在天、不蒙条々御免者、百姓等已侘傺因縁也、仍□〔庄カ〕」官・百姓等、謹言上如件、

嘉禄元年六月十七日

為重代□

武貞□

延包（花押カ）

末弘（花押カ）

是村□

友安（花押カ）

貞弘□

貞正□

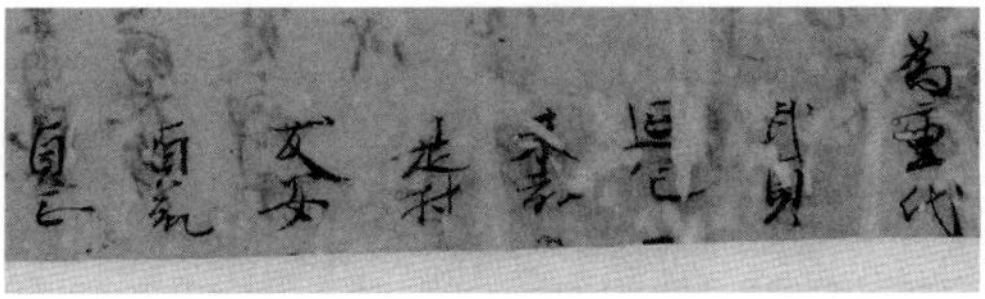

重真□

光弘（花押カ）

清利□

元行□

友□〔包カ〕□

案□〔主カ〕源守□〔清カ〕□

（後欠）

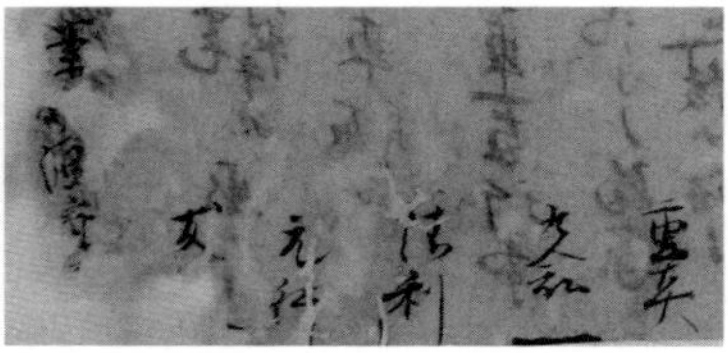

223 【四月廿三日至廿四日裏】

越前国志比荘荘官百姓等連署言上状断簡

（前欠）

貞正（花押カ）

重真□

光弘（花押）

友包（花押）

二八〇

元行（花押カ）
清利（花押カ）
案主源守清□
田所藤原嘉定□

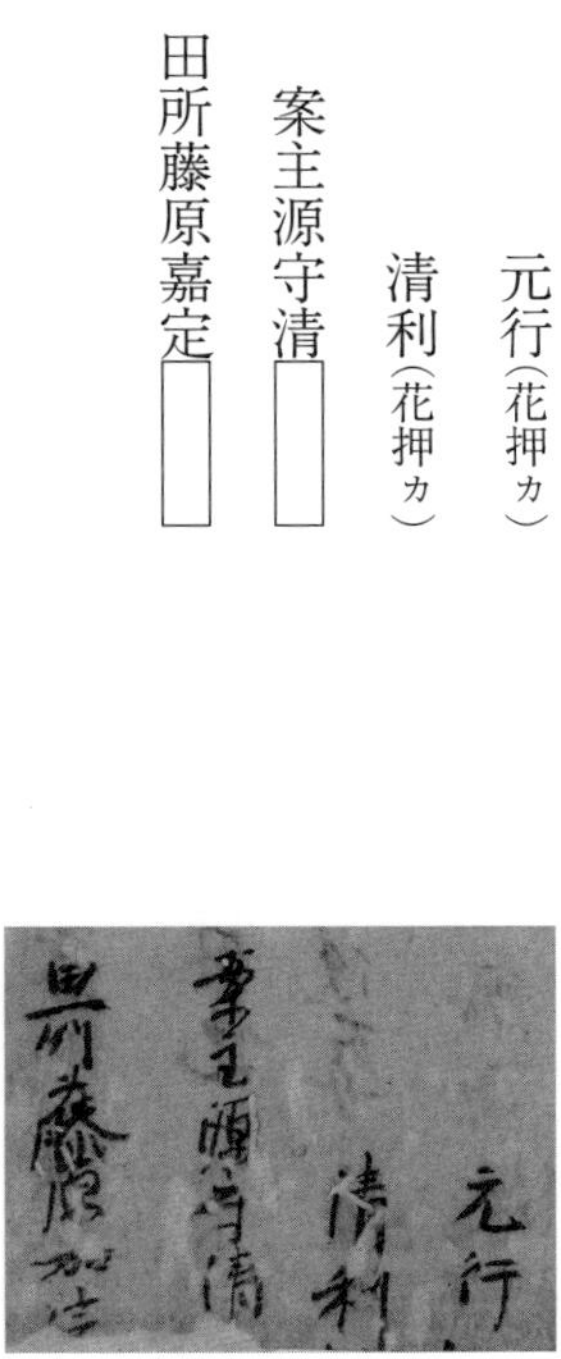

某請文
七瀬御祓使

224【四月廿四日至廿六日裏】

来廿七日、七瀬御祓」使可令参懃〔勤〕之由、謹」承候了、但当時所労」無術候、扶得者可令」参候、可令計披露」（後欠）

某書状追而書
瘆病

225【四月廿六日至五月一日裏】

逐申、
所労非別事、自去」朝比瘆病不増」不減、相扶此七八个日、」祗候于持明院殿之間、」増気無術候て、去」夕退出候也、期日」以前若得減者可」参候、如当時者無術」候也、
可令得御意候、」謹言、

刑部卿菅原淳高ヵ書状
陪膳結番

226【五月一日至三日裏】

明日陪膳可参勤候之」処、今明堅固物忌候」也、閉門之躰、且御使」見候歟、折節遺恨」
候、謹言、

七月三日　　　刑部卿□□〔淳高ヵ〕

右近将曹某請文
恒例御祭使

227【五月三日至六日裏】　○日付・署名箇所ニ次号文書ノ墨写リ有リ

今夜恒例御祭使」可参勤之由、謹奉」候了、但軽服之日数」今月許候也、不可被憚」候
者、随重仰可参仕候、」恐惶謹言、

六月□□□　　　右近将曹□

藤原宗氏請文
七瀬御祓使

228【五月六日裏】

来廿七日、七瀬御祓」使可令参勤之由、謹」承了、但難治之故障」□可□　□」給、
恐々謹言、

六月廿四日　　　宗氏（藤原）

源維長奉書
出車

229【五月六日至八日裏】　○本文二行目、次号文書ノ墨写リ有リ

今日出車被催出候了、仍」□可□進［　　］」御気色候□謹言、

七月八日　（源）維長

── （源康長カ）新蔵人殿

右兵衛権佐源定具カ請文
七瀬御祓使

230【五月八日至十一日裏】　○本文二行目、次号文書ノ墨写リ有リ

明後日（廿七日）、七瀬御祓」使可令勤仕［　　］」如件、

六月廿五日　（源定具カ）右兵衛権佐□□請文

藤原家季カ請文
陪膳結番

231【五月十二日至廿一日裏】

（今日カ）□□陪膳可令参」勤之由、謹以承候（了、カ）□」恐々謹言、

六月二日　（家季カ）□□

藤原能忠カ請文

232【五月廿一日至廿四日裏】

（前欠）」故障候也、謹言、

七月六日

〔能忠ヵ〕□□

某請文
尊勝寺御八講

233【五月廿四日至廿六日裏】

(山城国)尊勝寺御八講結願、」為御布施取可参之由、」謹承候了、但所労更発之」間、不及出仕候、
此旨可然」様、可令披露給状如件、

七月廿日

(花押ヵ)□

侍従某請文
法勝寺盂蘭盆

234【五月廿六日至廿八日裏】

(山城国)法勝寺盂蘭盆、為」御布施取可令参仕之」由、謹承候了、但先日七瀬」御祓之時、令申
子細候□」□此時□」不能出仕候、以此旨可然之」様、可令披露給之状如」
件、

七月十三日

侍従（花押）

藤原隆範請文
尊勝寺御八講

235【五月廿八日裏】

(山城国)尊勝寺御八講初後」□〔行ヵ〕香□□□□〔不足并御布ヵ〕」施取事、謹承候了、但無」術故障候也、以此旨可

然之」様、可令披露給之状如件、

七月廿日　　　　(藤原)隆範

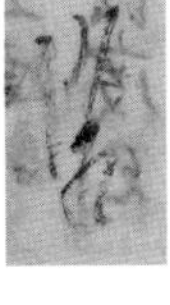

某請文
尊勝寺御八講

236【五月廿八日裏】

(山城国)尊勝寺御八講初」後御布施取事、可」参仕候之処、所労于今」不得減候也、可然之様」可得御意候、謹言、

廿日　　　　□□

兵部卿藤原経賢カ請文
最勝光院盂蘭盆

237【五月廿八日至六月二日裏】

(山城国)最勝光院盂蘭盆」御布施取事、承候了、」但相労事候也、可随」扶得候、謹言、

七月十四日　　　　(藤原経賢カ)兵部卿(花押)

藤原隆範請文
法勝寺御八講

238【六月二日至六日裏】

(山城国)法勝寺御八講行香」不足事、謹承候了、於」結願七日、者、早可令参」仕候、初日故障
候也、」恐々謹言、

七月二日　　　　隆範〔藤原〕

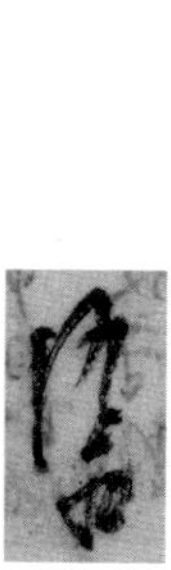

二八六

某書状追而書

239【六月六日至八日裏】○文書奥ニ墨写リ有リ

逐申、

御撫物

御撫物遅々之条、誠以」外候、又遅参之条、又以」以外候、此之由、件輩可」触廻候、

恐々謹言、

藤原家季カ請文　尊勝寺御八講

240【六月八日裏】

尊勝寺〔山城国〕御八講」之間、所役可令参仕由、」謹以承候、□〔但カ〕真実□□〔無術カ〕」故障候也、内々得御心、

可」然之様、可有許〔計〕御披」露候、恐々謹言、

七月廿日　　　　□□〔家季カ〕

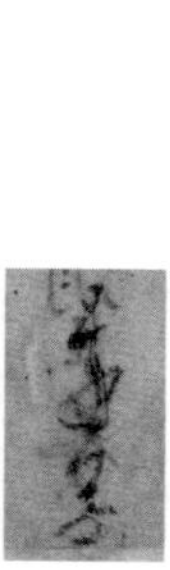

周防国田布施荘伊勢御料給田未進分注進状

241【六月八日至十四日裏】○欠損部分両側ニ墨写リ有リ

周防国田布施御庄伊勢御料給田肆町

上田五段　中三町五段

未進一石二斗九升三合　国定

三石七斗九升□合　友延逃亡

三石一斗二升　吉包ノ大力逃亡

四斗四升　安弘

六斗二升　時守

已上、未進九石六斗四升逃亡

右、注進如件、

嘉禄三年潤三月廿三日　　月□

242 【六月十四日至十九日裏】

某奉書

宿直の人数を守り京都に参ずべし

（前欠）」具井縄候也、又宿直人者□」□(中カ)四人也、而□(今カ)年不過両三□(人カ)」□□□□□

□」食事宛給□然而御庄□(立カ)」者必四人歟、尤公損也、早守□(人カ)」数可参京都(山城国)、御庄官

等之」懈怠歟、若又名主致如在□」速件名可改給他人、

貞道

本田数に任せて加徴進済すべし

加徴事、子細年来貞道之□」存知候也、而依度村之申状、□」月御年貢内、尤奇□□□□」者、任本田数如前々以別送□」無懈怠可令進済之由、同可□〔令カ〕」下知給之由、御気色所候也、恐々謹言、

八月五日　□

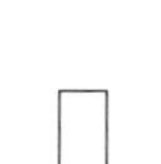

○六月廿日至卅日条本文欠

某書状

秦元正牛の盗難を承る

243【七月一日至三日裏】

（秦）元正申牛事、子細度□」申承候了、其上者可被本相□」主力者候処、昨日被仰下旨存□」候、□〔然カ〕間、御使ニ具申候了□」被聞食候歟、然而此事猶□」御書下給、重以使者申進□〔候カ〕」

□」（後欠）

検非違使別当宣

秦元正牛の糺返を命ず

244【七月三日至五日裏】

（秦）元正申牛事、仲房朝臣」申状申上候之処、被盗之物見」合之時、致沙汰無例也、不可依経年」序候歟、先被糺返彼牛之後、可」有次第沙汰歟之由、依　別当殿仰」執達如件、

検非違使庁官人右衛門権少尉某施行状
秦元正牛につき検非違使別当宣を施行す

245【七月五日至七日裏】

（秦）元正申牛間事、以御返事」令申候之処、重別当宣」如此候、子細定同前候」歟、然而猶給御請文、」可申解状候歟、恐々謹言、

九月七日　右衛門権少尉□

謹上　三条左衛門大夫殿

某書状追而書

246【七月七日裏】　○宿紙

逐申、

真実于今参入、返々申」子細之間、存外候、相構□〔参カ〕」内之程、可蒙御恩候也、」毎事期面謁之時、恐々□

秦元正重申状
秦元正盗難せらる牝牛の糺返を訴う

247【七月七日至九日裏】　○折紙

秦元正重言上

牝牛を盗み取られ三年行方を知らず去月四条大宮辺にて見合う

左衛門大夫下人牝牛を抑留し他人より買取ると申す

左衛門大夫元清の牛と申す

殿下番頭たる父元方の牛なり元方弟元清に預け飼わしむるも盗み取らる

某請文

平野祭奉行

早任道理欲被糺返牝牛一頭」子細事、

件牛已為盗人被盗取之間、此三箇」年来不知行方而、空送年月之処、去」月廿七日於四条大宮（山城国）辺、不慮之外見合之」畢、仍任道理擬返取之処、号左衛」門大夫殿下人抑留之、剰及種々之子細、」此条以外僻事也、凡件牛盗人無左」右搦取之後、可相尋子細之処、号」□」□　□自他人之手所□□（買取カ）」之牛云々、若然者、件本売主ヲ可被」召出也、於遁避件売主者、盗犯之」条不及子細歟、抑左衛門大夫殿申」状云、件者元清之牛也云々、而今属」強縁号元正牛之由云々、此条即不」令知子細給歟所致也、故如何、件元」清者父元方之舎弟也、然者已一」身歟、随則彼牛者父元方殿下番頭」之牛也、而令預飼舎弟元清之処、」被盗取畢、今随見付致沙汰、仰」裁定、誰以謂非拠哉、早任道」理、被糺返件牛者、弥知道理之」不空、将仰勤節之異他矣、謹解、

248【七月九日裏】　○宿紙

可参内之由謹承□、」但日来令申候母所労□」□□□（依カ）□」平野祭奉行□（事カ）其仰、」仍令申頭蔵人許候了、」云彼云是、折節周章□（無カ）」極候、便宜之時、可然之様得」御意、

可令披露給候、恐々」謹言、

□月廿五日

□

某書状

249 【七月九日至十日裏】

（前欠カ）

（袖書）このよしを」申せと□」（袖端）こそハ、はふんたにも給らす、」た、五百両さしむけのことも、」（天部）□ほとの」あつさに」返事を」給らん」かとハ」くるしく」候へとも」かやうにも」候ぬへき」にやとて」（行間）□□□またせ」おはします候へ、てんわうし（天王寺）（摂津国）より のほり□」られけれハ、またせおはしま□（すカ）」御ことにて候へとん、おとな□」候しそ、おほつかなく候へ、このほ□」もとおはしまし候つると候へとん、」た、せおハしまして、ほかへ」御わたり候はて、なにとなく御」まきれにて候つるほとに、これ」よりも□しる□□」もとのところをほかにかへなさは」やとおほしめすことの候て」（後欠）

天王寺より上洛す

某書状追而書

250 【七月十日至十三日裏】 ○宿紙、文書奥ニ墨影文書有ルモ読メズ

逐《認》申、
□《長カ》籠居事、付恐［　　］」□蒙上臈御芳［　　］」脚小減候也、早可［　　］」其間枉可蒙御優如□《恕》」所相存候也、

車を持たず

不持車之由、其沙汰候□」誠非普通候、恥思給□、」今日も借遣式部丞之許」候［　　］

女房車平野祭出車の事御察し有るべし

［　　］仰可被□」女房御車之様、御沙［　　］」乎、来六日平野祭出車□」候之間、連々可有御察候、

一日白地可参内之由、付仰□」相存候之処、其夜殊大事候□不参□」（後欠）

某書状

251 【七月十三日至十四日裏】

越前国へ下向す

（前欠）」そのあいたにもおほせられ」［　　］」御ふミにハことなかく候□《へカ》」□□」まいらせ給たらハ、いかによく候へ、」いまはよのつねなるやうに候へ□《きカ》」よし、おほせられけれハ、」めてたきことかなとてしり候へ、」又ゑちせん（越前）へ、人ハくたり」候にけるにや、ことしハ」かまへて、御ふくかすのまゝに」事［　　］のゝ▒」候へかし、

〔切封〕｜｜

□

某書状追而書

252【七月十四日裏】○宿紙

逐申、

日来左近将監祗□」而依現所労退出□〔之カ〕」間、真実無人之□〔間、カ〕」存公平可令参□」□〔謹言、カ〕

某書状追而書

253【七月十四日至十五日裏】○宿紙

逐申、

蔵人兵衛尉参会、」去年被領状候て、□〔存カ〕」□」□□〔比日カ〕可被奉行候、」能々

可令祗候」給候、謹言、

後堀河天皇綸旨
平野北野両社行幸

254【七月十五日裏】○宿紙、「行幸」「天気」平出

来二月廿三日、可有」行幸平野〔山城国〕・北野〔山城国〕両社、加」陪従可令勤仕給者、依」天気執達如件、

〔寛喜二年〕後正月十日　左衛門権佐信盛〔藤原〕□

謹上　筑後守《（藤原仲房）》殿

藤原資頼カ書状
伊勢内侍出車

255【七月十五日至十六日裏】　○宿紙

今日伊勢幣内侍出車、」都以闕如云々、相構之間、」可被沙汰献之状如件、

二月十□□《（七　日カ）》　　□□《（資　頼カ）》

蔵人兵衛尉殿

後堀河天皇綸旨
平野北野両社行幸

256【七月十六日至十八日裏】　○宿紙、「天気」平出

来廿三日、両社　行幸」加陪従□□□□□」可被勤仕者、依」天気執達如件、

二月十日

筑後守《（藤原仲房）》殿

元仁二年春除目申文目録

257【七月十八日至八月二日裏】　○一行空白反映セズ

(1)　○五行分空白

中外記

内膳典膳清原定信
申官史
□〔文カ〕章生紀惟頼
申中務丞
前越後掾大江有棟成業労
申陰陽少允
長尚
申式部丞
大学権助藤原佐茂
申治部丞
藤原兼茂本省奏
申諸陵頭(2)
経昌
申兵部丞

」

卜部兼世
申諸司允
藤光時功
申弾正忠
□原康重
申左右近衛将監
和泉大掾中原祐重功
申左右衛門尉
左近衛将監源名功
藤原祐時功
左馬允藤原高遠功
申同志
弾正少忠中原章宗兼申使　宣旨
(3)
安倍友広功
」

中左右兵衛尉
　藤原信茂功
中左右馬助
　三善光衡
申同允
　源頼仲功
　○三行分空白
連奏
　神祇官
　○三行分空白
諸司奏
　大蔵省
　　大江光兼申丞
(4)
　兵庫寮

紀成時申少允

府奏

右近衛府

丹後少掾藤原範重申将監

所々奏

作物所

内竪丸部信方申諸国掾

諸道挙

明経

学生三善親助申越前・加賀等大掾

算

学生小槻忠兼申諸司三分

申受領

新叙

忠業外記巡　重光史巡

(5)
申転任
左近衛府生狛貞光申将曹
右衛門少志三善康長
中原章行已上申□□□
申加階
晴清　資俊
家邦　知家
申爵
左大史中原尚継
○二行分空白
袖書
蔵人

出納

滝口

内給

○二行分空白

(6)

臨時内給

紀宗平申左右近将監

大江資村申左右兵衛尉

○四行分空白

行大嘗会御禊事所申諸司助有能

行大嘗会主基〔基〕事所申宮内丞藤原兼資

権大納言藤原朝臣二合申諸司助家行

左兵衛督藤原朝臣請申少尉高階惟景

職景罷任国以男朝幸申左右衛門尉

盛氏罷史巡年以平言忠申左右兵衛尉

」

源成綱罷所帯譲男俊綱申左右近将監

○二行分空白

元仁二年正月廿日

周防国多仁荘田布施領年貢送進状案

雑用米等送進状案

258 【八月二日至廿五日裏】 ○合点ハ全テ朱筆、欠損部ノ一部ニ墨写リ有リ

(1)

(前欠)

□□□□□□〔正米拾貳石伍斗カ〕

桑代参両壹分貳朱内

見糸壹両貳分　員十八菅

紅花肆両代□代壹両貳朱
〃〃白四丈布一反代壹分参朱

此員四丈布一反代壹分参朱　白四丈布一反代壹分参朱

白苧伍両

在家布拾段

一段　包行　一段　秋光　一段　友貞　一段　時守　一段　成近

一段　守清　一段　宗元　一段　貞正　一段　友元　一段　恒守

炭〵拾籠　重〵准六石

続〵松伍拾把　重〵准一石

葉〵薦陸枚　重〵准三斗

雑用米定四石八斗四升『七　七』『一合九夕』

野〵祭料米五升『〻　〻』　俵〵付米五斗

船〵賃一石一斗四升内

米〵五斗七升　大〵豆五斗七升　代〵米三斗八升

(2)

平〵駄賃三斗四升一合五夕内

米〵一斗八升七合『三　六　八』　大〵豆一斗五升四合五夕　代〵米一斗三合

車〵力一石四斗七升一合内『〻　〻　〻』『六斗一升八合』

米〵七斗五升　大豆七斗二升一合『〻〻〻〻〻〻』　代米〵四斗八升『一』『〻』『一合九夕』

脚力粮料二石一升内

脚力国貞

米一石四斗四升内 臨時三斗梶取分
大豆五斗七升 代米三斗八升

右、附脚力国貞運上如件、

嘉禄二年八月　日

案主伴　在判

公文僧　在判

惣公文代僧

下司代秦　在判

預所代官清原　在判

年貢米送進状案

梶取貞安

借上樋口成安押領す

多仁（周防国）御庄田布施領政所

運上　梶取貞安請預御年貢米事

合　『但四十九石借上成安（樋口）押取了、残十一石也、件雑事二石五斗二升五合内』

『此送文不付返勘問不及勘合、』

米漆拾貳石玖斗伍升　『米二□□五合』

『大豆五斗五升』

大豆参石陸斗伍升　『残十四石三升五合ハ皆以返勘也、』

正米陸拾石　『此内四十九石借上成安取了、』

在様笥　『残十一石』

雑用

米十二石九斗五升
大豆三石六斗五升
野祭料米一斗　　俵付米二石四斗

□□

車力米三石六斗
水手粮料四石五斗内　米三石　大豆一石五斗　」
(3)梶取粮料一石五斗内　米一石　大豆五斗
仕丁三人粮料六斗内　米四斗五升　大豆一斗五升
差荷
立棚三十筋　　水摺二支
水手役薪三井
右、附梶取貞安運上如件、
嘉禄二年十一月十七日　　案主伴　在判

公文僧　　在判
惣公文代僧　在判
下司代秦
預所代清原　在判

雑物等送進状案　梶取貞安

多仁御庄田布施領政所
運上　梶取貞安請預雑物等事
合
准荷七石玖斗　『依無送文不勘合也、』
在家布玖段貳丈内　四丈九反　二丈一切
炭参籠　重准一石五斗　一籠別五斗
続松伍拾把　『重准一石』
葉薦拾枚　『重准三斗』
薪拾貳井　重准三石六斗　井別三斗
莚八枚

簾貳間内　貞道一間　正宗一間

御神祭料

一、御神祭料

布陸段貳丈内　六丈一切　四丈五切

魚漆拾隻内　鯛六十六隻　せイ二隻　飯一隻　名吉一隻

□□□□十内同　鯛□〔十ヵ〕六隻　□□〔追加ヵ〕四隻

(4)

外居代桶四口入□　鰯壹籠代魚参隻　栗□□□

柿当年不成　炭壹籠　薪壹井

暑預〔薯蕷〕参拾本

御寺修正料

一、御寺修正料

白米捌斗　糯　煎花参斗　続松佰把

栗未進、但不成、　柿同上　小折櫃玖拾合

御湯桶壹口　在搔筥節器分、但小折櫃料告進之、

雑用

『件雑用以何可令立用哉、仍可令勘返歟、但先度雑用返勘了、仍勘合也、』
米伍斗玖升貳合伍夕
大豆壹石陸升陸合伍夕
船賃　三斗九升五合内
米一斗九升七合五夕　大豆一斗九升七合五夕
平駄賃　大豆一斗一升八合五夕
車力　大豆五斗五升三合
水手粮料　五斗一升内
米三斗九升五合　大豆一斗九升七合五夕
右、附梶取貞安運上如件、
嘉禄二年十一月十七日
案主伴　在判
公文僧　在判
惣公文代僧　在判
下司代秦
預所代清原　在判

節器物等送進状案
油梶取包守

多仁御庄田布施領政所
運上　御油梶取包守請預節器物等事
合
准荷二石一斗

(5)
□壹石□糯八一斗　料乃米一石三斗
大豆伍斗　代□□〔米 二カ〕斗三升三合
小豆参斗　代米二斗五升

節器料

一、節器料　重准三斗
飯櫃貳合　桶貳■〔妻〕員十口　汲部貳口

先進貞安の船あり

杓貳枚　御湯桶壹口在カイケ　先進貞安船在之、
折敷百枚　足桶壹口　包丁刀壹柄
火箸壹柄　疊差糸参佰筋　莚伍枚
雜用

米〻三斗二升三合
大豆一斗三升
俵〻付四升九合　白米分　片俵付
大小豆分米二升三合
船〻賃一升□合内
米
平〻駄賃三升一合五夕内
米二升三合五夕　大豆四合五夕
車〻力
米九升三合　大豆二升一合
水手粮料
米一斗五合　大豆五升二合五夕
右〻、附梶取包守運上如件、
嘉禄二年十二月十七日　案主伴　在判

公文僧　在判

惣公文代僧

下司代秦

預所代清原　在判

」

(6)　年貢給田米送進状案　梶取貞利

多仁御庄田布施領政所

□〔運上カ〕　梶取貞利請預御年貢給田米事

□〔合カ〕

□〔准荷カ〕石陸斗玖升五合『肆　貳』
『ゝゝゝゝゝ』

正米定参拾参石伍斗伍升内

見米参拾石

大豆肆石伍斗　　代米三石

小豆陸斗陸升　　代米五斗五升

雑用米定九石一斗四升五合
『七石四斗六升七合五夕』
『ゝゝゝゝゝゝゝゝ』

俵付一石三斗四升二合

船賃一石六斗七升七合五夕内

米八斗三升八合五夕　大豆八斗三升八合五夕代米五斗五升九合

平駄賃米五斗三合

車力米二石一升三合

水手粮料二石五斗一升六合内

米一石六斗七升七合五夕　大豆八斗三升八合五夕代米五斗五升九合

『水手加賃者水手不足時事也、損亡□□運上、」水手米不足何故哉、仍返勘也、』

同加賃米一石六斗五升三合

『〃〃〃〃〃〃〃〃〃〃』

右、附梶取貞利〔運上如件、カ〕

嘉禄三年正月　日

案主伴　在判

公文僧　在判

惣公文代僧　在判

下司代秦

預所代清原　在判

多仁御庄田布施領政所（年貢物幷軽物等送進状案）

梶取貞利

運上　梶取貞利請預御年貢物幷軽物等事

合

正月四日政始

正月二二日政始

米

大豆

(7)

正米

交分米

〔吉カ〕
□□

□　□□□□□　□□□〔稲富上カ〕

〔白六丈カ〕
□□布一反　代地子米二石五斗　□□

〔白六カ〕
□丈布一反　代地子米二石　友吉□〔上カ〕

白六丈布一反　代地子米一石五斗　金光上重□

白六丈布一反　代地子米一石五斗　石永上

白六丈布一反　代地子米一石五斗　光吉上

『取返合、然而付当時送文正文勘合之、』
次納

上品絹一疋　代御米五石『定三石五斗』『〃〃』　稲富上

白六丈布一反　代米四斗『定三斗』『〃〃』　石永上

白六丈布二反　代米一石各五斗『六斗五升』『〃〃〃〃』　光貞上

白六丈布一反　代七斗五升『五斗五升』『〃〃〃〃』　包末上

紺布三丈　代一石『六斗』『〃〃』『八斗』　稲富上

白六丈布二反　代一石二斗内『〃〃〃〃』　太郎丸上

一反六斗五升『〃〃〃〃』　一反五斗五升『〃〃』

白六丈三反　代米一石八斗内『一石五斗五升』『〃〃〃〃』　『石丸』

一反八斗『〃〃』　一反三斗五升『〃〃〃〃』　一反六斗五升『〃〃』

白六丈四反　代米二石五斗『〃〃〃〃』　守恒上

一反八斗『〃〃』　一反四斗五升『〃〃〃〃』　一反四斗五升『〃〃〃〃』

一反三斗五升『〃〃〃〃』

白六丈布一反　代八斗五升『六斗五升』『〻〻〻〻』　成平上

白六丈布一反　代九斗『七斗』『〻〻』　守弘上

白六丈布一反　代六斗五升『五斗』『〻〻〻〻』　宗吉上

白六丈布一反　代四斗五升『三斗』『〻〻〻〻』　利清上

白六丈布二反　代一石二斗五升『八斗』『〻〻〻〻〻〻』　石光上
　一反八斗『〻〻』　一反四斗五升『〻〻〻〻』

白六丈布一反　代七斗『五斗』『〻〻』　友吉上

(8)

白六丈布一反　代四斗五升『三斗』『〻〻〻〻』　秋光上

白六丈布二反　代一石三斗五升『八斗』『〻〻〻〻〻〻』　有重上
　一反八斗五升『〻〻〻〻』　一反五斗『〻〻』

」

白六丈布三反　代『一石七斗』一石九升『〃〃〃〃』　光吉上
□〔一カ〕反八斗五升『〃〃〃〃』　『六斗』一反五斗『〃〃』　一反五斗五升『〃〃〃〃』
□□□□□□　□□□
□布一反　代『三斗』八斗五升『〃〃〃〃』　光□□
一、二十丁別絹代白六丈布二反　石永上
一、准荷四石二斗
正
味〔噌〕曾貳桶　各三斗納　代大豆五斗　重准六斗
在家布
牛鞦一具　代二反二丈　紺垂布二反
炭壹籠　重准六斗
薪拾井　重准三石
莚■五枚

簾三間　正宗　助宗　依宗

雑用

『九斗五升勘合也、九斗一升一合返勘也、』

米壹石捌斗陸升伍合

『〻〻〻〻〻〻〻〻』

大豆壹石参斗陸升

野祭料米一斗

船賃二斗一升内　米一斗五合　大豆一斗五合

平駄賃大豆六升三合

車力大豆二斗九升四合

水手粮料三斗一升五合内米二斗一升　大豆一斗五升

公方船

『無謂公方勝載、仍返勘也、公方船也、仍一石米五斗大豆五斗』

『〻〻〻〻』

梶取粮料一石五斗内米一石『五升』『〻〻』　大豆五斗

『同前、』

(9)

『〻〻〻〻〻』

兵士三人粮料六斗内米四斗□□〔五升カ〕　大豆一斗五升

右、附梶取貞利運上如件、

嘉禄三年正月　日　案主伴　在判

公文僧　在判
惣公文代僧　在判
下司代秦
預所代清原　在判

斗□□□□送

行胤起請文

259【八月廿五日至九月四日裏】

預所下向の迎船遅引により讃岐国某所より渡海す

迎船遅引は荘の懈怠たり

下向中止は存知せず

(1)
行胤法師田布施〔周防国〕御領間、可書進起請文」条々事、

御領へ可有御入部□□□〔之由、具カ〕□□□□□〔八月廿二カ〕日出」京、九月六日下着
御庄仕候□即其旨披露仕候、」雖然諸事依不合期、御迎船遅々仕候、依之忽可」有
御下向とも不存之間、自讃岐御領以船御下向候、」爰失東西天、仰天之外無他事候、
但差日具奉仰候了、」御迎船ノ遅々者、庄之懈怠候、子細被仰下旨無遁方候、雖然」
本自御下向ヲ可打止之由、身ニモ不存、又百姓・地頭代までも」如然事相巧之儀、

預所日一度の三日厨を命ぜらるるも先例一切勤仕せず

百姓逃亡を企つ

検注始まりて後召籠らるれば逃亡の子細を知らず
(2)

百姓等宗張本五人に引かれ逃亡を企つ

一切不候、只自然之懈怠ニて候き、

一、預所御下向之時、雖如形入御厨事者、前々一切不候之間、申上」其旨候了、三日厨猶以日別一度勤之、即先例云々、先々」致沙汰候事ヲ、争掠申候哉、如然事、随時義可勤之由、」被仰下候者、今加下知候事者、不及左右候、於先例者、一切」不勤仕候也、

一、御下着候し自翌日、百姓等隠置妻子於他所、資財具等」同運隠、可企逃亡之由支度仕之旨、雖被仰下候、行胤者」一切不承及候き、何況行胤之身同意之条ハ不思寄候、御」検注始候テ後事者、行胤之身蒙御勘当被召籠候了、」不及交衆候しかハ、不知子細候き、

一、百姓等奉背、去十月十二日皆悉逃亡仕候了、此条全行胤」申合事モ不候、又内々承及旨も候ハさりき、逃亡之時」こそ始て承驚事にて候しか、其後承及候ハ、宗張本之」百姓五人内、有重・国永・成近・守末・国貞等□」候、此外者友ニ被引て企逃亡候歟、

一、百姓逃亡之、即御上洛候了、其後ハ於不蒙御裁許」□□」申限候、

如然□□以不□」存知之旨候、

去年の損田自由支配は遁れ難し

上中下田等分し平均支配す

一、去年損田四十貳町五反、自由支配不審之由蒙仰候、」難遁候、但貞道ニ被仰合之時、四十丁なとハ宛給候而、」計申上候云々、然間異損勝例年候ニよりて、指雖不」賜御証文、三分一損ヲ計天、上中下田等分し天、平」均ニ支配候了、而百姓等ニハ中下田ヲ宛給天、上ニハ上田之由勘申、其上地頭庄官名、各恣引募天、」無術百姓ニハ不宛行之由被聞食之条、以外僻事候、」争如然之偏頗ハ可仕候哉、上中下等分之条無異儀」候、但於去年者、自由之損田一切不可有御承引、」付去々年之文書勘文可仕之由被仰下候へハ、不及」子細候歟、

本預所停止せられ数年沙汰を致す田畠等隠申さず

(3)

一、当御時被停止本預所天、一向御知行可候云々、其文定」不及左右候、但日来本預所事被仰付て、数年」致沙汰候了、今雖罷成御沙汰候、付田畠ヲモ、至于」雑事天モ、争可申隠候哉、及心候し程ハ、無偏頗可」申上候、

領家の色人に一切を申さず

一、御知行之間、背御沙汰而、如本付領家之御色人、」大小事一切不可申候、

代官下向の時一切隠申さず

一、御代官下向庄務之時、先例候程事、一切不可隠申、」不可致疎略候、

百姓等不労を申さず

一、以私意趣、傍官・百姓等之中ニモ、無誤百姓ヲモ、」不労之由申成事、不可有候、

又大切ニ存候者ニ候とも、」□□」モ隠申掠□□

在国の地頭代官領家に背く

一、地頭代官常ニ在国候、雖然背領家、御□□」方ニ奉仕候事、本自モ不候、今モ不可
候、

田畠等につき偽申さず

一、御庄田畠・在家、惣御不審事等被尋下候之時、」雖一事有矯餝、忘公平天偽申事、
不可候、

代官定使に不正あるときは注進す

一、御代官及定使等間ニモ、犯用公物し、非公平事」出来之時者、可申上之由被仰下、
当時之庄務ニ恐て」黙止事、不可候、

○以下空白

260【九月五日至十七日裏】

周防国多仁荘田布施領司等解

(1)
成勝寺(山城国)御領周防国多仁御庄田布施領司等□□申文事、

借上樋口成安の年貢等押領を訴う

請被殊蒙　憲法御裁断罷、為借上樋口太郎成安、号有去年借上□」下、恣寺家御
年貢・領家御分百五十石勝載物船壹艘、□(於御カ)」庄津押取不当、難堪子細愁□(状、カ)
副進

色々送文案五通

去年の未下当年下行すと申さず

朝家将軍家狼藉停止せらる

御願寺用途料を押領す

周防国多仁荘麻合領

右子細元者、彼成安去年百余石給、号有四十余石未下、旁重色本□」修正・常灯油・御八講用途幷領家御分節器用途勝載船壹艘、任□〔自カ〕」由恣押取之条、無極無道也、御庄奉行人状云、去年有様不知子細□」領家預所去年之未下、可当年下行御文一行不給之由返答、雖然□」都子細申於□　　□□于重色用途料押取畢、爰□」者、罷向対望之処、一切無承引之思、就中近年正直憲法御改滅之刻□」朝家御宣下幷将軍家御下知、被停止狼藉無道、至于津々関々、無□」成安堵之思之処、剰御願寺用途料押取之条、言語道断、輙不可□」事也、今度無御裁報者、弥狼藉無道之源也、且向後難進御年貢□」期者哉、抑当御庄一所之内、為麻合〔周防国〕御領如此、狼藉無道結構云□〔々、カ〕」令籠居同意之条、存之外事也、望請恩裁、早垂御還迹、為被□」止借上樋口太郎成安無道狼藉給、仍勒在状言上、以解、」

(2)　嘉禄二年十二月七日

案主伴（花押）

□〔公カ〕文僧（花押）

□秦

預所代官清原（花押）

261【九月十七日至廿一日裏】

周防国多仁荘田布施領百姓等解

京楽房の昨夏造宮米代押領を訴う

返抄を送進しながら押留す

（前欠）」不被放諸事遅々源也、将又百姓等雖強□□亡之由訴申、無御承□」弥衰弊基者矣、望請恩裁、早垂御哀憐、欲蒙直御裁許罷、仍」勤在状言上、以解、

一、請被任道理御裁下給、為御使京楽房、去夏造宮米代銭押留、不能子細□〔事、カ〕

右、謹検事情、帯御使御下文、自下着之刻、祗候雑事云、上洛之料〔粮〕料云、□」沙汰者、百姓等無懈怠令勤仕畢、其上有限公物送文之内、銭一貫八百」二十七文、乍送進御返抄不給之条、無極訴中訴也、指無懈怠落土、何」物代可押留哉、極非儀也、早任道理可被返進之由、欲蒙御裁報罷、□〔仍カ〕」勤在状言上、以解、

嘉禄二年十一月十八日

〔周防国〕田布施領百姓等□〔上カ〕

保延元年春夏巻

262【正月一日至廿七日裏】　○本文書最終紙奥ニ本巻外題ヵ墨付キ有リ

伊勢神宮領尾張国本新両神戸治開田文書案
官宣旨案

(1)
□（下カ）伊勢（伊勢国）太神宮司
□□幷橘頼季非論、如旧令備進供祭上分□（尾）」張国本・新両神戸内字治開田事、

供祭上分を備進すべし

右、□（得カ）祭主神祇権大副大中臣親俊□状偁、太神宮」司去八月廿日解偁、豊受□
□日注文云、」□□□□□□」□陌所□有限
件治開□□」其来尚矣、而宰吏若□無妨之□□如旧可」□□（神カ）領之由、
被下奉免宣旨也畢、近日□康和・永□」□□之、誠万代不朽之神領也、而故信頼（藤原）

知行国主藤原信頼に収公せらる

卿知行彼国□（之カ）」□□（非カ）論之刻、妄以収公、其後依二宮之訴、可停止国妨」□相
論之由、長寛元年被下宣旨也、而猶以収公之間、神」□地荒廃無止、供祭于今闕

長寛元年収公停止を宣下せらる

怠、神慮難測、早□度」□被停止国妨矣、抑件地守富（大中臣）相伝之給主也、尋其」
□□頼季高祖父季秀（橘）之手、去天喜五年祭主永輔（大中臣）」□買得、其男親頼（大中臣）等次第伝得、
其男宣親（大中臣）、其男守富也、」□□既及七八代□□□紕、遥経数百歳也、□」

天喜五年祭主大中臣永輔橘季秀より買得す

［　　］□〔之カ〕間、全無異論□□□□□有天長二年本券」［　　］訴経沙汰日、彼天長本券為

橘頼季謀書を以て寄付す

(2)謀書之由、記録所勘」［　　］件治開田永沽渡祭主永輔之由、頼季高祖」［　　］放券、曾祖父季〔橘〕国証文、祖父季〔橘〕宗押書、親父季」［　　］炳焉也、而頼季背四代之祖跡、以謀書寄付于」［　　］比、雖掠成宣旨、即依神宮之訴、可停止権門□〔相カ〕」［　　］

［　　］宣旨畢、調度文書先日進覧、未被返下、早任」［　　］次第公験理、被停止非論矣、重訪旧貫貞観二□□〔歳十一月カ〕」□□九日格云、凡大神宮事、異於諸社、□□□□〔宜依延喜カ〕廿年四月〔十脱カ〕四日」格、永無改減、若有乖□□□〔忤科違カ〕勅［　　］〔罪カ〕［　　］神□□」［　　］□〔祭カ〕上分、是非神事［　　］

［　　］」［　　］」□以守富為給主、□〔被カ〕令□〔備カ〕［　　］」［　　］」者権大納言藤原朝臣□□□□［　　］」［　　］」□□濫妨、依請令知行、但致妨輩、若［　　］宜

□□」［　　］□〔供カ〕祭闕如者、任旧跡令催勤者、宮宜承知、依宣行之、

□〔寿カ〕永二年九月廿九日　左大史小槻〔隆職〕宿禰

［　　］藤原朝臣

大神宮祭主下文案

［　　］宮司

［　　］〔早可任カ〕［　　］宣旨停止国幷橘頼季非論、如旧令備進供祭上分、」尾張国本・新両神戸

大神宮司符案　(3)

内字治開田事、
副下　宣旨
□九日　宣□〔旨〕□偁、子細云々具也、仍相副下知」□□承□〔知、〕□〔依カ〕□
寿永二年閏十月十九日
□〔神〕祇権大副兼皇大后宮権大進大中臣朝臣〔親俊〕在判」
□二所太神宮神主
□〔可カ〕早任　宣旨・祭主下文状〔大中臣親俊〕、停止国并橘頼季非論、如旧令」備進供祭上分、尾張国
本・新両神戸内宇治開田□〔事、カ〕
□〔副下カ〕宣旨・祭主下文
□□〔十カ〕九日　宣旨・今月十九日祭主下文偁、子細云々具□〔也、カ〕□」□副下符如件、神主
宜承知、依件行之、以符、
大司大中臣朝臣在判
□大司大中臣朝臣
□□□〔朝臣カ〕□

□

□

内宮庁宣案

□禰宜盛通神主

□〔可カ〕早任　宣旨・祭主下文・司符状□　□頼季非論、」如旧令備進供祭上分、尾張

国本・新両神戸内字」治開田事、

□〔副下カ〕宣旨・祭主下文・司符

□九日　宣旨・今月十九日祭主下文・同廿日司符偁」□□〔具カ〕也、然則任　宣旨・

祭主下文・司符状、停止国幷頼」□〔季非論如カ〕旧可令備進供祭上分之状、所宣如件、以宣、

寿永二年閏十月廿五日

荒木田神主在印判

□在判

□

□

(4)□｜｜　在判

」

外宮庁宣案

□｜｜　在判

□｜｜

□□

□〔可早カ〕任　宣旨・祭主下文・司符状、内宮使相共、停止国」并橘頼季非論、如旧令備

進供祭上分、尾□〔張〕国」本・新両神戸内字治開田事、

副下　宣旨并次第下知

□□月廿九日　宣旨・今月十九日祭主下文・同廿日司符□〔到カ〕来」偁子細具也、然則任

宣旨次第下□□相共、可停止」□□〔国并〕頼季非論、令備進供祭□□以宣、

□度会神主在判

□｜｜　同

□｜｜　同

□｜｜　同

□□　同

□　□　同

尾張国司庁宣案

□　留守所

□（可カ）早任　宣旨、如旧令奉免中嶋（尾張国）郡本・新両神戸」内字治開田事、

□去九月廿九日　宣旨、如旧可為二所太神宮御領之」□如件、留守所宜承知、

依件行之、以宣、

□　□□□　□

□　□□□　□

」

某下文案（5）

尾張国伊福部御厨

□　□□□　□

案在□□鎌倉殿

太神宮御領尾張国伊福部御厨并神戸内治」開田事、

可早任去年九月廿九日　宣旨、如元為神宮□（使）」沙汰事、

□□（件カ）両所、如元可為神宮使沙汰之旨、被下□」□院宣了、早任先例、可致其

沙汰之状、□」□□如件、以下、

寿永三年□　□

勘解由次官平棟基書状

263【正月廿八日裏】 ○宿紙

□□「　　」□□□「　　」歟、然者申事由□候之、」□存候、謹言、

八月十日

勘解由次官□〔棟〕（平）基

某書状追而書

264【正月卅日至二月二日裏】 ○宿紙

逐申、

勘状等先□□□之□」歟、可令申給歟、

左衛門権佐藤原資経奉書
猿曲嶋明法家勘状は給主職のことを勘載せず

265【二月二日至八日裏】 ○宿紙、「御気色」平出

（伊勢国カ）猿曲嶋事、如両□〔明カ〕（中原章親・同明政）」法家勘状者、可為給主」職之由、不勘載歟、早可令」申子細給者、

依」御気色執達如件、

十月廿七日　　左衛門権佐（藤原資経）（花押）

前木工権頭殿

勘解由次官平棟基書状

266【二月八日裏】 ○宿紙

中原明政遭喪

明政〔中原〕遭喪之由承及候、」□□□官申□□」事由、可出〔書〕出候歟、意慮」退参候了、
謹言、

七月廿九日　　勘解由次官□〔棟〕□〔基〕〔平〕

某書状カ

267【二月八日裏】　○宿紙

□」□官申状返候也、

某書状

268【二月八日至十六日裏】

□事御教書如此、然事解」□之由被申者、可下誰人候」〔乎、カ〕□重令尋申給、委可□」示給候、
可召進候也、恐々謹言、

九□□□

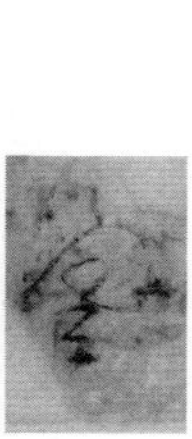

某書状
猿曲御厨

269【二月十六日至廿六日裏】

□〔猿カ〕曲御厨〔伊勢国カ〕事、以昨日」□返事、只今於御所令尋職事候之処、」□□博士之由不令申、尤不審、」尋
取彼状、可給之□命」候之間、□□□〔寄カ〕」□□□□

九月□□□□□

大夫史殿

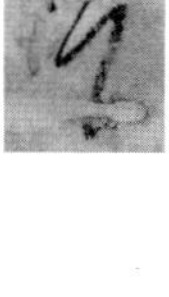

勘解由次官平棟基書状
猿曲文書

270 【二月廿六日至廿七日裏】

□〔伊勢国カ〕猿曲文書、即下□〔権〕」□〔中カ〕納言許候了、未被下候□」□不□□」□□□」

□□次官〔平〕□〔棟〕基

某書状

271 【二月廿七日至廿八日裏】

□□権博士・判官□□□〔中原明政カ〕」候了、一同聞之間、不可」停止事□□」給□□」

重々思食候了、恐々謹言、

七月廿一日　　　左□

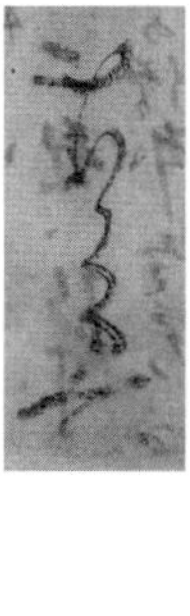

○二月廿八日至廿九日裏（一紙）文書無シ

和歌集草案

272 【三月一日至十五日裏】

春　(1)

春

ハナモハナツキモナコリヤヲ□チル」ヤマノハモイルヤマノハモ
□ノコスヱハ、ナノアトタヘテニホヒオ」□ニハノハルカセ
□キシノヤマフキナミコヱテシツクモ」□ノタマカハノサト

夏

夏

□ナミノタツカトミヘテフルサトノウノハナ」□ミカセワタルナリ
□スタ、ヒトア《コ》ヱノシノヒネニミハテヌユメノ」□カケリウキ

海辺五月雨

海辺五月雨

□ノアマノナミカ□　□ノハカサネテ」□　□
□□□　□ニテシノフニ」□フナツノヨノノ□
□〔アカ〕キチカキアサチカハ□〔ラカ〕ニアメスキテツユナレソムル」□〔ナカ〕ツノヨノツキ
□〔秋カ〕
□ヘハイカナル秋ノイロナラムフモトニカハル」□ユフカセ
□〔イソノカ〕カミフルノ、コハキサキヌレハイロツキワタル」□□ユフツユ
(2) □□カセノフキアケノウラニツキサヘテコホリ」□アラフヲキツシラナミ

」

［　］カネテウラミソノコリケルツキミルヨハノ」［　］［　］タノソラ
［　］［　］□カタノハラヲミワタセハイナハニコホル」秋ノヨノツキ

八月十五夜□

アスヨリハア□モ〔キカ〕［　］□［　］［　］」ヤマノハノツキ
ケフヨリハ、ハソ［　］［　］」［　］［　］

冬

フユノヨハツユノ［　］□□□〔タ へ テカ〕［　］［　］」アサチフノツキ
ウラツタフヲシマカイソノムラチトリミ［　］ル」ユホニコヱソチカツク

□時雨

［　］［　］マツハツレナキイロナラムノコルコスヱニ」［　］ルナリ
［　］キヤト、ヲモハ、イカナラムアトナキニハノ」［　］ノハツユキ
［　］□ミニホノウキスヤコホルラムイリエノナミノ」［　］タニハナリ
［　］□ヲナニウラミケムトウヒトノコ、ロヨリコソ」［　］□タヘケレ
［　］［　］ウキミノハテモシラユキノイト、フリユク」［　］□〔ノカ〕クレカナ

□□シモマタクルハルモイタツラニヲナシヒカスノ」□モルナリケリ
□□□　□
□□シニモニヌソテ」□　□
□カシカタノメヌナミニ□テマタシイマハノ」□カツキソ□キ
□シヌソノカネコトノスヱマテモナヲイロマサル」□レノソラ
(3)□ユ□〔クカ〕ヲモカケヲノミカタミニテミハテヌ《ホトナ□》ユメノ」□■ハテソカナシキ
□カヘソマチコシカヒヤナカルラムタノメシツキモ」□ノツキクモ
□ストフヒトモナキアサチフニシホレハテヌル」□シタクサ
□□ヒトノチキリハウツヽニテヲモカハリセヌ」□ヨヒチ
□□思ヒシヨリモウカリケリタノメテトハヌ」□ノソラ
□□□□ヲモカケ《タマクラ》ナル、ヲモカケモイツヲカキリノ」カタミナルラム
ツラキヲモシノフノサトノユフケムリ思ハヌカ□エ」ヤハテナム

旅

アヒミテシヤ□□〔ミノカ〕□□ノユ□□」チキリナリケ□

□

ヒニ□《ソ》□《ヘ》□《テカ》ナヲイロフ□
タマホコノミチユ□□□□□

旅宿聞鹿

ミヤマヨリヲロス嵐ヲタヨリニテクサノマクラニ□《サ》□《カ》□カノコヱ

□《山カ》路霞

□ヤマチノシクレハレニケリアラレニナリヌミネノウキクモ
□思モクルシアラレフルトヤマノミチノスヱノシラクモ
□□《ニカ》マタウラナレヌアシノヤニネサメモノウキナミノヲトカナ
□《暁カ》
□ノソラモノトカニテラスカナヒヨシノカミノ」□□ニマカセテ

哀傷

□トヲモフワカミノカコトカナクサハニモロキ」□《ツカ》ユノタマユラ

釈教

華厳経

□花厳経ノ先照高山心を

(4)

□

阿含経意

阿含経意

□ムレハシカナクノヘニツキサヘテカツ〳〵ハル、」□□〔ノカ〕ユフキリ

□経ノ心オ

□タニモミノリノ水ヲムスハスハスヱマテ」□ミトヤナリナム

薬草喩品

薬草喩品ノ一雨所潤ノ心ヲ

□シノヘノクサキモオシナヘテヒトヘニメクム」□ノソラ

授記品

□〔授記カ〕品ノ除熱得清涼ノ心ヲ

□□〔ウツカ〕セミノヨヲアキカセノフクカラニス、シクナリヌ」ミナツキノソラ

人記品

人記品ノ□

□□□□

モエニケルクサハ□」カ、ス□□□□

ウツ、ニハマタユフカ□」ヨハノツキ□□

随喜功徳品展転随喜□□

□〔ツカ〕タヘキクヒトノコ、ロノチリマテモス、キノ」□ラ□□リノタマミツ

□首和哥

□□

○以下空白

維雅書状

273【三月十六日至廿四日裏】

□〔諸カ〕事定御披露候歟、」□可令立入」給候、」此事猶御乱言候之由、」依伺候、重申状令
進」候也、且可有御口入候、恐々」謹言、

四月十日　　　　維雅

某申状カ

木□□〔工権カ〕頭入□〔道殿カ〕

274【三月廿七日至卅日裏】

□到来、此以令御免候了、」□□□年内不□」罷実検使候へとん、
□度申上候ひぬ、今度之」□付仕丁申上候由承及候、御庄未進之」返抄定廿余石候、

国中損亡隠れなし

備後国信敷荘

雖然以私物今御年貢」□方之六石許候をハ、可有御免や候らん、国中」損亡無其隠候、
兼又信敷〔備後国〕御庄得賛〔替〕仕」□□日数罷過候条、恐思給候、旁々之」送文三通内、御上分一通、南殿御方一通、御
所御方一通、如此□〔外カ〕」可候らん□□物に□□□歎申」□」□□□
□」得賛〔替〕之時人目実□□□恐□」□申上候、□□用途之粮料者、百
姓等□」（後欠）

某書状

275【三月卅日裏】

（前欠）」□」て何事□つ□〔るカ〕□□□

三月廿六日　維□

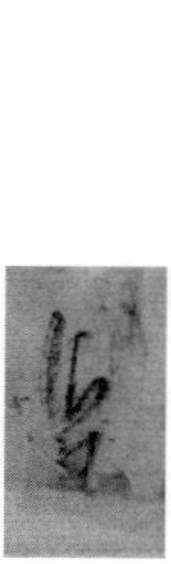

明法博士中原章親同明政連署勘文猿曲御厨真目原(1)

問注記官使信連通平貞直を訴う

神宮使

276【四月一日至十八日裏】

□」相論同国〔伊勢国カ〕猿曲御厨真目原等理非幷罪科有之事、
□〔右カ〕此等文、如門〔問〕注記官使信連言上者、通平・貞直等打」□宣旨、凌礫官使云云、而此
両条依不遇官使、不□□〔知カ〕」□〔通カ〕平・貞直等争之、彼此申状已以参差、爰打□」□□〔凌カ〕礫
官使事、不見及之由、見于神宮使、依□」興宗申詞、雖須有究沙汰、縡為赦前不可追

論□」使等汚穢菅御笠伐破供条、奉納□□事、信連□」□□□□〔神之上カ〕□□
□□興宗□」□□」□」□
□」宣旨事、一切不□云云、□□詔書□」文字之科、偏難処
偽書歟、且平生細級堺相論之□」□□被尋出之後、可有左右歟、信連依　宣旨

通平孫経遠信連を招引して雑物を掠取す祭主使宮司使在地刀禰

(2)為□」□点取通平運上雑物事、通平之孫経遠招引信連□」□□〔点カ〕取之雑物、併返
与祭主使幷宮司使・在地刀禰等取」□□畢之由信連申之、而未返給之旨、通平令申之」
□□不進彼請文、加之件運上物之員数、通平後見」未〔末カ〕包注給信連之由申之、云請文
云注文、共可被召出也、」□□〔信カ〕連不承伏之、貞直可」□□者、

春恒証文元久元年祭主裁判にて慶円と春恒争う

両方申付□」不一同、所詮以春恒証文可伝領之由、見于貞直申」□〔状、カ〕□□〔元カ〕久元年九月廿
七日祭主裁判云、僧慶円与春恒」□〔論カ〕□猿曲御厨事、召決両方之処、於春恒者、帯□〔承カ〕□」
□日記案可知行之由雖令申、不相応歟、至于□」□次第、相承文之上、所旧

検校職は春恒代々相伝す

領歟者、慶円為□」□也、但於検校職者、春恒令代代相伝歟、□」検校
可備進供祭御贄也云云、建永二年七月廿日□」名請文云、惣官□従□□
□倍志□」□」□」□」給主

猿曲御厨四至

伊勢国内瀬御園

領知之□□□□□〔真〕」目原事、為猿曲四至内之由、見于□□〔二カ〕年七月日」

(3)□申文、然而如通平申状者、為奈井瀬旧〔内瀬御園カ〕〔伊勢国〕□」□当時、領主両三方候、落居之時随重　勅定□」□□〔注カ〕云云者、且被尋究子細、且為何領内哉否之□□〔条カ〕」□可被実検歟、凡猿曲真目原事、貞直進証□」□□問注之申詞、通平副文書之旨、載于禰宜注文、而」不被副下之間、不及勘決、召出件状等之後、須被裁□」□□〔可カ〕□慶円□〔乱カ〕行所当罪科、遂行承前解謝□」□□□□□□可追却神境之由、雖□□〔載于カ〕」禰宜注文、無慶円陳状之上、琳慶依病在京、父慶円」□□〔籠カ〕〔紀伊国〕那智之間、不相具之由信連申之、被尋究之□」□有其沙汰歟、仍勘申、

慶円陳状なし琳慶病により在京す

□〔建カ〕保二年十二月七日　正六位上行明法博士兼左衛門少尉中原朝□〔臣カ〕〔章親〕

修理左宮城判官正六位上行明法博士兼左衛門少尉□〔中原朝臣カ〕〔明政〕

伊勢神宮内宮庁宣案断簡

277 【四月十九日至廿一日裏】

(前欠)」□□預宣承知、不可違失、故宣、

□□年九月廿四日　、、、、

□

□

□禰宜荒木田神主　在判

□宜荒木田神主　在判

□宜荒木田神主　在判

□□宜荒木田神主　在判

解　題

一　九条家本『中右記』紙背文書群の概要と構成

一定のまとまりを持った日記記録類の紙背文書の分析・検討により、それが再利用された時期を推定し、集積された文書群の特質や傾向、さらには集積主体の性格などを知ることができるであろうことは想像に難くない。当部が架蔵する九条家本のなかには、紙背文書を有する史料が多数存在しており、それらを統一的に検討すれば、九条家およびその家司の職能や経済、人的ネットワークの一端を明らかにし得ると考えられる。そこでここに「九条家本紙背文書集」として、ある程度のまとまりがある日記記録類の紙背文書を翻刻し、逐次刊行することとした。

今回はその一冊目として、『中右記』（函架番号九―一〇五九）の紙背文書を翻刻した。本記に紙背文書が存することは早くから周知されており、年紀のあるものについては『鎌倉遺文』（東京堂出版）をはじめとする各種編年史料集に、または該当地が明らかな文書については各地自治体史の史料編に収録されているものも多い。しかしこれらを、残存状況を重視しつつ一括で紹介することによって、「文書群」としての性格が改めて見えてくるであろう。

さて本記は、当初一七冊本として当部の所蔵となったが、修補作業の過程で一部の形状が変更され、また分冊も行われた結果、現在は一五冊六巻の体裁となっている。このうち紙背文書を有するのは三冊六巻で、その書誌的情報は以下の通りである。なお、各巻の一紙の寸法は区々だが、参考に標準的と思われるものの寸法を縦×横で示し（単位は糎）、巻子本は修補の結果天地に余裕が生まれているため、縦寸法の（　）内に本紙の寸法を示した。

①巻七　元永元年四季下巻　巻子本　墨付き五七枚　一紙寸法三〇・〇（二八・四）×五〇・〇
②巻一二　大治四年夏秋下巻　大和綴　墨付き八〇枚　一紙寸法二九・二　×四九・九
③巻一三　大治四年冬巻　大和綴　墨付き五七枚　一紙寸法二九・一　×五〇・〇
④巻一六　大治五年秋冬巻　大和綴　墨付き五七枚　一紙寸法三〇・二　×四九・八
⑤巻一七　長承元年春夏上巻　巻子本　墨付き五五枚　一紙寸法三一・九（二九・八）×四八・五
⑥巻一八　長承元年春夏下巻　巻子本　墨付き五八枚　一紙寸法三一・八（二七・九）×四五・二
⑦巻一九　長承元年秋冬巻　巻子本　墨付き五一枚　一紙寸法三二・六（二九・九）×五一・七
⑧巻二〇　長承二年夏秋巻　巻子本　墨付き六〇枚　一紙寸法三二・一（二九・八）×五二・三
⑨巻二一　保延元年春夏巻　巻子本　墨付き二九枚　一紙寸法三四・六（三一・五）×四八・五

このうち②は、本来巻一一とともに大治四年（一一二九）四月一日から九月三〇日までを収める一冊であったが、七月一二日条途中までが列帖、その後が袋綴であったため、当部において装丁に応じて分冊・形状変更したものである。

注意しなければならないのは、②の「現状の一紙」が、不規則に切断された二紙によって構成されている場合が多いということである。すなわち、前記の墨付き枚数は現在の装丁上の枚数であるが、「現状の一紙」のなかに二通の紙背文書が存在するという事態が発生しており、しかもその二通の多くは「前欠」もしくは「後欠」の文書となっている（カラー図版2参照）。墨付き枚数が八〇枚であるにもかかわらず、翻刻し得た紙背文書が一一二点に上っている原因はここにある。不規則な二紙によって構成された一紙を翻して書写された本記に注目すると、紙継ぎ上に墨が乗り、また綴じ代となる袖と奥には十分な空白が存在しており、本記は料紙が整形されてから書写されたものと思われる。料紙を整形する必要があったとすれば、前半部分に使用した料紙の大きさに合わせて、反故紙を繋ぎ合わせたものとも考えられ、実際に巻一一の料紙の横寸法は二五・〇糎、②一紙の横寸法は四九・九糎だが、これを袋綴じにすればほぼ巻一一の横寸法と一致する。また翻刻した「前欠」と「後欠」の紙背文書のなかに、離れた位置にある文書が接続する場合が存在することから、料紙の横寸法の統一を意図した処置であった可能性が感じられるものの、反故紙の保管や再利用の方法・手順については、一層の検討が必要であろう。接続する文書の詳細は第四節で検討するが、翻刻にあたっては現状を重視して番号を分け、接続する可能性があるものについては注記した。また⑤～⑧には、規則性のある欠損が認められる。これは当部に入る以前に折本状に装丁されていた時期があり、その際本記から見て谷折り部分の紙背が糊付けされ、そこから欠損が広がったことによるものと考えられる。現在欠損部分には糊跡や、墨写りが残されている箇所も多い。

今回翻刻した紙背文書の総数は二七七点、その主な内容と各巻内の点数は以下の通りである。①建保四年（一二一六）八月二六日源実朝御教書案をはじめとした、上総国武射北郷に関わる文書三点など、合計五点。②寛喜二年（一二三〇）のものと思われる、法勝寺御八講や七瀬御祓といった諸行事の諸役請文など、合計一一二点。③官位交名や嘉禄二年（一二二六）・同三年の仮名暦など、合計三〇点。④寛喜二年六月一三日の後堀河天皇右大将藤原実氏亭行幸に関わる諸役請文など、合計五四点。⑤大計帳案をはじめとする摂津国の勘会公文案など、合計七点。⑥周防国多仁荘関係文書など、合計八点。⑦⑤と一体をなす勘会公文案で、保安元年（一一二〇）の年紀を持つ正税帳案など、合計五点。⑧元仁二年（一二二五）春除目申文目録、寛喜二年閏正月一〇日後堀河天皇綸旨、嘉禄二・三年周防国多仁荘関係文書など、合計四〇点。⑨寿永二年（一一八三）・同三年尾張国本・新両神戸治開田関係文書案、建保二年一二月七日明法博士中原章親・同明政連署勘文、和歌集草案など、合計一六点。

以上のように各巻毎の文書の内容は様々で、一概にその特質を指摘することはできない。しかしあえて全体を通して大別すれば、九条家領関係・公家訴訟関係・諸行事諸役関係の各文書と、さらにそれらに分類できない勘会公文案や除目申文目録・和歌集草案などに分けられる。そこで以下に、これらを横軸として節を分け、本記紙背文書群を概観したい。なお解説に際して、各文書は原則として文書番号で表記した。

二　九条家領関係文書

①⑤⑥⑧の紙背文書には、九条家領と思われる荘園等の関係文書が多数見られる。大別すると、阿波国名西河北荘（①、一点）、上総国国衙領（①、三点）、周防国多仁荘田布施領・同国石城宮（⑤⑥⑧、一五点）、越前国志比荘（⑧、二点）の四種となる。なかには上総国国検史料など著名なものもあるが、いずれも後の九条家領目録や同家

の処分状等に記載がなく、他に同案件の関連文書も見られないものであり、中世前期の九条家領の復元や経営実態の解明をするうえで貴重である。

1は、阿波国名西河北荘預所職をめぐる預所方源康重女源氏と領家方との相論において、領家方官掌中原国用が作成した陳状の草案で、『鎌倉遺文』（三五六〇号、ただし部分）などにすでに紹介され、徳野隆「阿波国・名西河北荘の研究」（『高校地歴』二七号、一九九一年）、同「名西河北荘・ふたたび」（徳島地方史研究会『史窓』二二号、一九九一年）を得ている。同荘は、現在の徳島県板野郡上板町周辺にあった荘園で、鳥羽上皇を本所、徳大寺家を領家とした。領家職はその後、藤原（一条）能保母（藤原〈徳大寺〉公能女）を経て一条家へ、さらに「当領家」へ伝来したと1にある。能保女が九条良経室・道家母となった関係から、領家職は能保女から九条家に相伝したと推測され、「当領家」は九条家を指すと考えられる。作成年次については、源氏証文の嘉禄二年（一二二六）源康重譲状、その康重の「去々年九月卒去」、同年中の「去七月大洪水」（安貞二年〈一二二八〉七月の畿内一帯の大洪水か、『百練抄』『皇帝紀抄』ほか）の三点から、おおよそ安貞二年と推定される。東京国立博物館所蔵の九条家本『延喜式』巻七乙紙背文書に「名西庄官□重陳状進覧之、」と記す沙弥某書状（『平安遺文』四六一二号、ただし一三世紀前半のもの、鹿内浩胤「九条家本『延喜式』覚書」『書陵部紀要』五二号、二〇〇〇年）があり、やはり名西荘に九条家がかかわったことがうかがえる。しかし、九条家の家領目録・処分状等に同荘の名は見えない。

2は、中世前期の国検を示す史料として著名なもので、『鎌倉遺文』（三五六二・三五六三号、ただし部分）等に掲載され、田沼睦「鎌倉初期上総国々検史料について」（『季刊中世の東国』七号、一九八三年）、『千葉県の歴史　資料

編 中世4（県外文書1）』（一六～二三頁）および『同 通史編 中世』（一六四～一七二頁）などに詳しく紹介されており、延応元年（一二三九）～仁治二年（一二四一）頃のものと推測されている。差出の隆覚は上総国の知行国主から国検を命じられた検注使であり、2でその状況を知行国主に報じたのであった。

3・4の源頼朝・実朝御教書案は上総国武射北郷の請所（地頭請）に関するもので、やはり『鎌倉遺文』（二二六〇・二二六一号、ただし脱漏あり）等に紹介されている。両通は同筆と見られ、同所で筆写、保管されたものと考えられる。年欠の3は、建久年間（一一九〇～九九）のものと推測され、奉者の「民部□」は、源頼朝側近の平盛時か二階堂行政（いずれも民部丞）であろう。これら2～4は上総国に関するもので、知行国主のもとに保管されたと考えられる。いま知行国主が誰か明らかにし得ないが、これらが九条家文書に残ったことから、九条家かその周辺の人物と推測されよう。

5（『鎌倉遺文』三五六一号等既収）は、小童乙丸の帰属をめぐる相論の論人よりかたの陳状で、本文より寛喜二年（一二三〇）頃のものと判明する。訴人の散所雑色友重が、2に見える「雑色友重」と同一人物かと推測され、「散所雑色」（散所寄人の摂関家における呼称）とあることから、九条家家政にかかわるものかと考えられる。

本記紙背文書群中の荘園文書で最もまとまった点数を有しているのが、周防国多仁荘田布施領関係文書である。⑤⑥⑧三巻の紙背に計一三点あり、このうち、⑤⑥（202・209～212・215・216）のものは『鎌倉遺文』（各三五八一・三五八八・三五八九・三四一九・三五七〇・三五八〇号）に収録され、⑧（241・258～261）のものは櫻井彦「紙背に埋もれた周防国多仁荘の在地状況―九条家本中右記長承二年夏秋巻　新出紙背文書を中心に―」（『史観』一四三号、二〇〇〇年）に紹介されている。211・212・242は内容からではいずれのものか不明だが、前二者は前後のまとまりからして、後者は「貞道」の名が258・259に見えることから、やはり田布施領関係と考えられる。多仁荘は、現在の山口県熊毛郡田布施町中・南部にあったとされ、崇徳天皇の御願寺成勝寺を本所、権中納言藤原実綱を領家とした。鎌倉初期には荘内の分割が進み、そのひとつである田布施領は、実綱の嫡女覚妙からその猶子公氏の正親町三条家へ伝わったが、鎌倉後期には諸職が東福寺（開基九条道家）にわたっている（「東福寺普門院文書」弘安一〇年〈一二八七〉七月二〇日一条家経御教書〈『鎌倉遺文』一六三〇四号〉ほか）。さかのぼって所領経営に九条家がかかわっていたことも考えられようか。209・210等は、まさしく本文書の持ち主が荘園領主としてその経営に携わっていたことを示していよう。田布施領関係文書の多くは、嘉禄二・三年に展開された田布施領荘官・百姓による訴訟、特に嘉禄二年の預所の内検をめぐるものである。内検に際して田布施に下向した荘官行胤の起請文（259）と、預所代官や内検使の非を訴える百姓申状（202・215・216）が、預所代官らの横暴と百姓らの逃散を伝えている。202・215・216は様式・内容・筆跡等から本来一通であり、原態は（前欠）↓202↓216↓（断絶）↓215であったと考えられる。なお、216の第二紙あたりより字画の太さや字の大きさ等にやや乱れが見え、202冒頭部と215末尾では印象が異なる。また、朱書をともなう258送進状案は、内容の一致から260解状に副えて提出された「色々送文案」のことと考えられるが、本文・朱書とも筆跡は異なる。

213・214（『鎌倉遺文』三五八二号等既収）は多仁荘北辺に所在する石城宮の神官等解の断簡である。両通は現状紙背文書のない二紙を間に挟んでいるが、筆跡・料紙・本文の体裁の一致からして、本来一通の文書であり、214↓213

の順に連なると見て間違いない。石城宮は現山口県光市塩田の石城神社のことで、周辺の多仁荘・美和荘・波野郷と密接な関係にあり、この解状も「三箇領本家政所」に提出するとある。ただ、本文には「領家・地頭祈禱」と見え、実際には田布施の訴状とともに領家（九条家か）に提出されたものではなかろうか。

222は、越前国志比荘荘官・百姓等が疫病による不作田と養蚕の不熟、および仕丁・兵士の免除を訴えた連署言上状である。223は連署署判部分の断簡であるが、222に人名が一致し、同時期同趣の言上状と推定される。両通とも地部が切断されているものの、百姓の花押（一部は略押か）の残画が認められる。志比荘は、現在の福井県吉田郡永平寺町一帯に所在した荘園であり、本所は222にあるとおり最勝光院で、のち東寺領となった。南北朝期には、東寺と地頭波多野氏の相論が知られる（松原信之「越前国志比庄と地頭波多野氏」『福井県地域史研究』四号、一九八二年）。領家職は、鎌倉後期に二条良実（二条家祖、九条道家息）の子尋源の所有が確認され、その後、二条家の外孫である忠房親王（順徳天皇曾孫、後宇多天皇猶子）、さらに善入寺へとわたった（佐藤圭「越前国吉田郡の荘園について」『福井県立博物館紀要』四号、一九九一年）。尋源からさかのぼって、嘉禄年間には九条家（あるいはその周辺）の所領であったとも考えられるが、推測の域を出ない。

三　公家訴訟関係文書

④⑧⑨には公家訴訟に関わる文書が多く利用されている。大別すると伊勢神宮領尾張国本・新両神戸治開田関連

文書（⑨、一点）、同じく伊勢神宮領と推測される猿曲御厨関連文書（⑨、九点）、桂御供人に関する文書（④、一点）、秦元正所有の牛に関する検非違使庁の訴訟関係文書（⑧、四点）となる。特に伊勢神宮領の相論や桂御供人に関わる文書については、九条家が直接関与していたとは考え難く、前節で検討した家領関係文書とは異なる経緯で九条家に残されたと推測される。

262は、寿永二年（一一八三）・同三年の伊勢神宮領尾張国本・新両神戸治開田をめぐる訴訟関係文書で、寿永二年の官宣旨から翌年の下文にいたるまで一連の案文が収載されている。治開田は、現在の愛知県一宮市開明周辺に所在した神宮領で、笶生《のぶ》御厨ともいい、一二世紀初頭にはすでに成立していたが、度々国司の違乱を受けた（『尾西市史　通史編　上』）。本記紙背文書群の多くが一三世紀前半のものであることからすれば、262も同時期に作成されたものと類推される。その頃再び国司等の違乱を受けた神宮が公家に訴えた際、訴状に添付された証文案を公家側で筆写したものであろうか。なお、同所は寛喜年間（一二二九～三二）以後、地頭請所となっている。

265・269・270・276は「猿曲嶋」「猿曲御厨」をめぐる訴訟に関するもので、263・266・271も人名の一致から同件の関係文書と考えられる。265・269・270等は、この訴訟審理上の公家側の諸手続きを示すもので、276は明法博士が審理に際して提出した明法勘文である。この猿曲御厨については未詳の点が多いが、277に「猿曲四至」に関して見える「奈井瀬」は、内宮領伊勢国（志摩国とも）内瀬御園（現在の三重県度会郡南伊勢町内瀬周辺）のことと推測され、猿曲御厨もそれに隣接する伊勢神宮の膝下荘園と考えられる。265の奉者左衛門権佐は、花押より藤原資経（同官在任承元三年〈一二〇九〉～建保六年〈一二一八〉）に比定される。資経は後鳥羽院の院司であると同時に、九条家の家司であり、建保二年末には五位蔵人となっている。宿紙である265は、後鳥羽上皇院宣とも九条道家御教書ともとれ、即座に判断する材料を持たない。263・266・270の勘解由次官は、五位蔵人であった高棟流桓武平氏の棟基であり、同一族は摂関家重代の家司で（宮崎康充「右大臣兼実の家礼・家司・職事」『書陵部紀要』六一号、二〇〇九年）、棟基の父棟範は近衛家政所の年預別当であった（『玉葉』元暦元年〈一一八四〉二月二日条）。

176は寛喜年間の桂御供人の相論に関する文書で、宿紙に書かれていることから蔵人所の人物が奉じたものと推測される。この相論の経緯については『明月記』に詳しい。その記述によると、寛喜元年頃松尾社の神輿迎の際、神輿の棄却をめぐって桂供御人と西七条住人の間に相論が起き、訴訟は翌寛喜二年にも及んだという。訴訟にあたっては、担当蔵人の選定も難航した。五位蔵人の藤原信盛が父の病を理由に辞退すると、蔵人頭が奉行に命じられたが、蔵人頭も持病を理由に断ったと記されている（以上、寛喜二年三月二九日条）。このことからも当訴訟に対する蔵人所の関与がうかがえよう。更に下手人の譴責を六波羅探題の北条重時に命じることとなり（同年四月七日条）、訴訟は武家を巻き込んだ大事となった。176にも、蔵人頭の辞退および六波羅への命令等、『明月記』と同様の経緯が見られるため、寛喜二年頃の訴訟状況のなかで発給されたものと思われる。

これら公家訴訟の関連文書が九条家に残された経緯には、いくつかの可能性が考えられる。一つは、近衛家実から九条道家への関白交替（安貞二年〈一二二八〉）の際に、審理中であった訴訟の関係文書が九条家へ引き継がれた、という可能性。この点は257春除目申文目録とも一致するが、262案文群や276勘文であればともかく、266・269等の諸手続き上の個別的な文書まで前任の摂関から引き継がれたとは考え難い。176も、前後のまとまり（次節で検討する蔵人源康長関連文書）から、その可能性はほぼ否定されよう。もう一つには、蔵人・弁官・院司として訴訟審理にかかわった九条家家司が、本記書写に際して料紙として九条家に持ち込んだ、という可能性。公家の評定における蔵人・弁官・院司の役割にかかわり、なお検討を要するが、本文書群がその検討の材料となろうか。

また、243～245・247の、秦元正が牛の盗難を検非違使庁に訴えた際の一連文書は、同じく公家訴訟に関わる文書であるが、伝来の経緯については更なる検討を要する。訴人の秦元正の父元方は247で「殿下番頭」とされており、九条家の番頭であった可能性が十分に考えられる。よって九条家に関わる訴訟文書であったために本記書写に利用されたか、もしくは検非違使庁に関与する人物を通じて九条家に入ったか、いずれかの可能性が考えられよう。盗人の主人として元正に訴えられ、申状を提出した三条左衛門大夫は、244に見える「仲房朝臣」であろうか。「三条」と呼称される可能性のある「仲房朝臣」には、三条南匣西に居を構えていた「仲房」がいるが（『明月記』寛喜二年八月二〇日条）、「三条左衛門大夫」や「仲房朝臣」と同一人物であるかは未詳である。

四　諸行事諸役関係文書

②③④⑧⑨には行事の運営にあたって集積されたと思われる文書が多く利用されている。具体的には、六月一三日の行幸（③④、三〇点）、祇園御霊会馬長（②③④、一四点）、御願寺仏事（②⑧、一三点）、平野・北野両社行幸（⑨、二点）、季御読経（②③、二点）、釈奠（②、二点）、祈年穀奉幣（②、二点）、神今食（④、一点）、日蝕御祈（③、一

点）、七瀬御祓（②⑧、二三点）、陪膳（②④⑧、三八点）などの恒例・臨時の行事に関わるもので、日時を勘進する書状、参仕を催促する綸旨や書状、参仕の可否を伝える請文、請文の状況をまとめ行事参加者を一覧にした交名などが残る。これらは計五巻に跨っているが、差出や宛所・月日・内容等に一貫性があり、一つのまとまりを持つ文書群として理解する必要がある。五巻のうち③⑧⑨には、行事の運営に関わる文書群のほか、仮名暦や相論文書等も含まれているが、これらについては第三・五節を参照されたい。

また本節で対象とする五巻のうち、②は現状の一紙が二通の紙背文書の断簡によって構成されている（第一節参照）。これらの断簡は、他の断簡と接続させることにより元の一通の文書に復元できる可能性がある。例えば、71の切断箇所には残画があり、68（後欠）の残画と合わせると「御拝」と読める。更に料紙が一致すること、両断簡の「可」や「日」の筆致を比較しても同一人物によるものと認められるため、71と68は元来一通の文書であったと思われる。但しこのように接合できる文書はまれで、多くの断簡の切断面は直接繋がらず、二～三糎程度の断絶がある。そのため残画を根拠に他の文書と繋ぎ合わせることは困難であり、料紙・筆跡・内容等から総合的に判断する必要がある。

また文書の後半部分の断簡（前欠文書）には署判が残っていることが多く、前半部分にあたる断簡（後欠文書）の筆者を特定することができれば、接合の手がかりとなる。例えば93は、「明日十日」「陪膳」とあること、更に73の藤原家季の陪膳請文と比較するとほぼ同文同筆であることから、家季の陪膳請文の前半部分であろうと思われる。以上を確認した上で、これに繋がる前欠の家季請文を探すと、28が該当する。発給日が七月九日で93の「明日十日」

の記述に対応していること、また料紙も同じものであることから93と28は本来一通の文書であった可能性が高い。以上のような検討を加えたところ、右の二通（四紙）のほか、二四紙の接続を確認し、計一四通を復元することができた（各史料の注記参照）。しかしこれらの接続状況に規則性はなく、必ずしも前後欠部分が当史料群内に残存しているわけではない。この点については、九条家周辺で書写された諸本における料紙の利用状況をふまえるなど、更なる検討を要する。

また、本文書群のうちで、年号が明記されているものはない。しかしその内容から若干の推測を加えることが可能であり、まず七瀬御祓に関する文書群を検討したい。七瀬御祓は勅使が天皇の撫物を給わり、川合・一条・土御門・近衛・中御門・大炊御門・二条末等の七瀬に赴き祓を行う毎月もしくは臨時の行事で、「下﨟の蔵人」つまり六位蔵人がその差配を勤めたという（『日中行事』）。当文書群に見える七瀬御祓使の請文は、六月二七日を祭日とするものと、七月一七日（のち一九日に延期）とするものとに大別できる。このうち六月二七日の七瀬御祓については、日時を勘進した陰陽頭賀茂在俊の書状（106）が年次を特定する手がかりとなる。賀茂在俊は寛喜二年（一二三〇）三月二〇日に陰陽頭に任じられ（『明月記』同月二一日条）、翌三年八月一五日には辞した（『明月記』同日条）。よって、陰陽頭賀茂在俊の書状（79・106・117）は、全て寛喜二年三月から同三年八月の間のものとなる。更に在俊は106で「来（六月）廿七日丁亥（中略）廿九日己丑」の二日を七瀬御祓の候補に挙げており、この干支から寛喜二年が有力な候補となる。また79にも「廿三日癸未・廿四日甲申」という記述があり、やはり寛喜二年のものと考えて齟齬はなく、六月二七日を祭日とする七瀬御祓関連文書は、寛喜二年に該当する可能性が高い。

つづいて、最も通数の多い一三日の行幸関連文書を検討する。一三日行幸とは、毎年六月一三日の前後、祇園御霊会の神輿渡御を避けるために行われた行幸である（福真睦城「祇園御霊会と行幸―なぜ天皇は神輿を避けるのか」『史観』一四六号、二〇〇二年）。行幸先は様々であったが、およそ承元二年（一二〇八）以前は大内、その後は高陽院（貞応二年〈一二二三〉正月焼亡）、貞応二年以後は嘉陽門院御所の四条殿であることが多かった。しかし寛喜二年五月二三日に四条殿が焼失したため（『明月記』同年五月二四日条）、それ以後は右大将藤原実氏亭に行幸した（『明月記』寛喜二年六月三日条）。本記紙背文書群のうち、右少将藤原隆経の請文（167）には、「来十三日可有行幸、右大将亭可令供奉之由」と記されているため、167は藤原実氏亭へ行幸するようになった寛喜二年以降のものと確認できる。更に書状の差出人右少将藤原隆経は、寛喜三年三月に右少将を辞しているから（『民経記』同年三月二五日条）、167は寛喜二年に絞られる。他の一三日行幸関連の請文も167と一連のものである可能性が高く、寛喜二年と考えて差し支えないであろう。その他、平野・北野両社行幸に関する後堀河天皇の綸旨（254）に「後一月」とあることも、寛喜二年の推定を補強するだろう。

以上のように、行事運営に関する文書群の多くは寛喜二年頃のものと推測され、この点を踏まえてこれらの所有者について検討したい。本文書群のうち、宛所として最も多いのは「新蔵人」である（23・49・79・96・101・124・127・171・193・229）。新蔵人は、定員四～六名ほどの六位蔵人のうち新任の者を指して言う呼称である（『職原抄』『拾芥抄』）。『民経記』寛喜三年正月一七日条には、「今日最勝光院御八講結願、御布施取殿上人自蔵人方催渡之、蔵人左近将監兼綱（源）相催申散状、」とあり、また蔵人方が差配した同年六月一一日の中宮九条竴子（九条道家女）方違行啓の記述には、「兼日諸衛・御後殿上人事、源蔵人康長所催沙汰也、公卿幷啓将、予所催沙汰也」（『民経記』同日条）とある。源兼綱・源康長共にこの時の六位蔵人であるから、本記紙背文書群に多く見られるような行事参仕の催沙汰が、六位蔵人の職掌の一つであったことがわかる。また年中行事の奉行のほか、日々の陪膳結番の差配も六位蔵人の職務であった（『民経記』寛喜三年三月六日条、『職原抄』等）。陪膳は予め朝夕二回の結番が決められており、本文書群にも陪膳結番を遵守する旨を記した請文が多く残っている。また所労を理由に陪膳当番を辞退するものも多く、欠員の補塡をしなければならなかったようで、陪膳当日に出仕を依頼した書状も見られる。以上のことから、本文書群が六位蔵人と不可分の関係にあることが確認できよう。

では本文書群に見られる「新蔵人」とはいかなる人物か。先の寛喜二年に比定された79の宛所も「新蔵人」であったから、寛喜二年の時点で新任の六位蔵人であった人物が有力となろう。寛喜二年時の六位蔵人を明確に示す史料はないが、寛喜元年については『蔵人補任』から、高階忠時・源仲業・平繁茂・源仲遠・藤原業房・藤原光成・大江泰秀・藤原仲泰が、また寛喜三年については『民経記』から、平繁茂・源仲遠・藤原光成・源兼綱・源康長・平繁俊がそれぞれ六位蔵人であったことがわかる。つまり寛喜二年以降に六位蔵人となった可能性があるのは、源兼綱・源康長・平繁俊となる。このうち繁俊は寛喜三年以降に六位蔵人になったと思われるため（『民経記』寛喜三年五月三日条）、源兼綱・源康長の二名が候補となる。兼綱は『明月記』寛喜二年一一月二二日条に、康長は『民経記』寛喜三年正月一日条に六位蔵人として見えているから、両者とも寛喜二年中の補任であろう。但し源兼綱の書状（193）が新蔵人宛になっているため、本記紙背文書群の「新蔵人」は一方の源康長である可能性が高い。さらに本文書群の差出人として最も多いのも源康長である（24・45・94・105・107・115・178・189・200）。これらの多くは書止で、康長が執筆途中で破棄したものと思われる。本文書群には実に多くの源康長関係文書が含まれていることになり、その多くは源康長の手元に集積された文書であった可能性が高い。また行事関連の文書ではないものの、桂供御人の相論の文書（176）についても、行事関連文書が数多く利用されている④中の文書であること、寛喜二年のものであること（前節参照）、蔵人が同訴訟に深く関わっていることなどから、康長が所有していた文書の一つであったと推測される。

源康長は源長俊の子で、寛喜二年に六位蔵人となり、寛喜三年四月には右近衛将監、貞永元年（一二三二）には右衛門権少尉に任じられた。後に後堀河上皇の判官代となり、天福元年（一二三三）一二月には従五位上、嘉禎年間（一二三五～三八）には周防守となった人物である。同時期に五位蔵人であった藤原経光は、康長について「凡康長者、頗以器量者也」（『民経記』貞永元年二月一五日条）と評している。蔵人として活躍する一方、康長は代々九条家に仕えた醍醐源氏の出身で（前掲宮崎論文）、自身も同様であった。九条竴子入内行列の地下前駈や（『明月記』寛喜元年一一月二九日条）、九条忠家への供奉（『玉蘂』暦仁元年〈一二三八〉四月一一日条、『九条忠教三位中将拝賀記』〈函架番号九―二〇三〉等）、法興院（藤原兼家）御八講（『葉黄記』寛元四年六月二七日条）の執行を勤めていることからも、九条家家司としての活動がうかがえる。行事運営の文書の多くは、諸行事の奉行や陪膳の差配という蔵人方の行事運営を通じて、寛喜二年に六位蔵人であった源康長のもとに集積され、なんらかの時期に破棄の対象となり、九条家家司の康長を介して、九条家周辺で行われた書写活動に利用されたと考えられる。

五　勘会公文案等

本記紙背文書群のなかで、紙数・分量といった側面から見れば、勘会公文案と呼ばれるものが圧倒的多数を占めている。摂津国国衙の公文書の案文であるそれらは、すべて天部に九本、地部に一本の横界線が引かれた料紙を利用して⑤と⑦に分割され、さらにこの二巻のなかでも分割されて、⑤に六点、⑦に五点という形で残された。これらを先行研究（米田雄介「摂津国租帳に関する基礎的考察」『摂関制の成立と展開』吉川弘文館、二〇〇六年、一九七二年初出・平田耿二「保安の「摂津国大計帳案」の戸口統計とその内訳」『日本古代・中世史　研究と資料』六号、一九八九年・『大日本史料』第三編二五、一九九九年など）の成果に従って統合すれば、正税帳案二通（218と220）・大計帳案（205・217の順に接続）・調帳案二通（204と221）・租帳案（219・207・203・208の順に接続）・出挙帳案（206）に整理される。ただしすでに指摘されているように、これらには欠損が少なからずあって、脱漏が推測される箇所や整合性を欠く数字も多く見られ、それらは主にこれまでの成果を踏えて注記した。

これらの勘会公文案は、206には天慶八年（九四五）の、218には保安元年（一一二〇）の年紀が見えることや、同内容の正税帳案と調帳案が二通ずつ存在することなどから、ある年に実際に作製されたものというよりも、参考資料として転写が重ねられて引き継がれたものと考えられている。いま他の紙背文書の年代を考慮すれば、これらも寛喜二年（一二三〇）以降に本記書写に転用されたものと考えるべきだろう。この時期は、承久の乱後摂政を罷免されていた九条道家が、嘉禄二年（一二二六）の子息頼経鎌倉幕府将軍職就任をきっかけに政界に復帰した時期と重なる。また摂津国国司としては、『玉蘂』寛喜元年一〇月二〇日条と『民経記』同三年三月一日条に、重代摂関家家司を務める内麻呂流（日野流）藤原氏の人物である、藤原兼宣の名が確認できる。この一族は摂関家でも近衛家の家司をつとめたことで知られるが、本記紙背文書群にもその名が見えている（74・172）。あるいは彼が、これらの勘会公文案を参考にしていた人物であったかもしれない。『民経記』寛喜三年五月三日条には、摂津国国司として中原師員の名が見えている。

五種七点の勘会公文案はいかにも摂関家である九条家が残した紙背文書といえるが、同様に元仁二年（一二二五）の春除目申文目録（257）も、貴族社会の重大行事に関係する資料であって、九条家が所持していた文書としてふさわしい。「申文目録」については、当部蔵『申文短冊袖書目録抄』（函架番号九―五〇五九）に「保安五年春除目申文目録」と題された目録が書写されており、257が同種の目録であることがわかる。『猪隈関白記』承元二年（一二〇八）正月一八日条によれば、当時関白であった近衛家実が申文を内覧したあと、土御門天皇に奏聞し、昼御座で申文が選ばれる際に蔵人が「申文目録」を書いている。この手順は九条良経の著作とされる『春除目抄』（函架番号九―一六二）にも見えているが、同書には「近代書目録」とあって本来の作法ではなかったものとみられ、作製された目録は申文とともに硯筥の蓋に載せられた。前の記事に寄れば家実は、申文と目録を載せた硯筥の蓋を実際に受け取っている。しかしこの時作製された申文目録の、その後の行方については記述がない。

こうした経緯で作成・処理された申文目録は、残されるとすれば摂関家の手元に残された可能性が高いだろう。

ただし、元仁二年段階の関白は未だ家実であり、道家が関白に復帰するのは安貞二年（一二二八）末のことであった。257が九条家に残された理由としては、あるいは安貞二年の翌年、子息頼経が将軍職に就任したことから政界復帰への足がかりを得た道家が、復帰後の政務の参考資料として譲り受けたものかもしれない。そして257が本記書写に転用された時期を勘案すれば、中文目録を作成するのは六位であるとする『春除目抄』の注記にも注意しておきたい。ここでいう「六位」は、承元二年の事例を踏まえて「六位蔵人」と考えられるが、前節で検討したように寛喜二年以降蔵人となった人物に源康長がおり、この一族は季長が九条家の祖兼実の家司となって以来九条家に仕え、後に九条家諸大夫信濃小路家となる。道家は政界復帰を見据え、自家の家司が担うべき職務の参考資料を整え、利用後に転用したとも考えられよう。

なお、同じく貴族社会の人事に関わる文書として、③の133～141は官職ごとに人名と位階が列記された官位交名である。同一人物によって記された一連のものと考えられ、各人名の下には官職に補任された年月日、上には位階が記されている。交名中に見える最新の年号は承久三年（一二二一）閏一〇月一八日であり、同日に臨時除目が行われている。その後同年一一月一六日には朔旦叙位が行われており、133に「従三位」と記される藤原基輔と藤原実基は正三位になっており、そのほか源雅清や源定平も昇階している（『家光卿記』同日条）。これらのことから当交名は、承久三年一一月一六日の朔旦叙位実施に先立ち作成されたものと思われるが、その内容から「補任帳」の可能性もあろうか。

公家である九条家のもとに集積された本記紙背文書群のなかに、嘉禄二年一〇月～翌年三月までの暦（142～147）

が存在することは興味深い。なぜなら、この暦が国家の基本暦として朝廷が編纂し、公家などに頒暦された具注暦とは異なり、平仮名で書かれた仮名暦だからである。具注暦の存在はすでに七世紀には確認されているが、仮名暦はその使用文字から、平仮名が成立した平安時代以降、同時代後期には成立していたものと考えられている。しかし平安後期に、なぜ仮名暦なるものが作製されはじめたのかについて明確な指摘は見られず、漠然と「具注暦の要点を仮名がきにし、一般の人々にも使いやすくしたもの」（神田茂「仮名暦」吉川弘文館『国史大辞典』所収）とされている。こうしたなかで「その最初の頃のものは、宮廷の女官が使用したものであったと推定される」（広瀬秀雄『暦』近藤出版社、一九七八年）との指摘は重要であろう。現在確認されている最古の仮名暦は、御茶の水図書館所蔵の「請来六勘物」一巻の紙背に残された承元元年（一二〇七）一〇月二五日～一二月二三日の断簡であり（『新修成簣堂文庫善本書目』）、142～147はそれに次いで古いものとされる。摂関家として宮廷に出入りした九条家が、そこに奉仕する女性たちが利用する仮名暦を入手したとしても不思議ではない。あるいはもっと積極的に、宮廷および九条家内の女性たちに対して、仮名暦を作製・書写させたのかもしれない。なお料紙には縦界線と横界線四本が引かれて、一行が三枠に区分されている。

仮名暦のように、政治的・経済的な意図とは離れて作製されたものとして、和歌集の草案も残されている（272）。ほぼ片仮名で書かれた272は、「春」以下二〇の歌題に対して五一首が詠まれているが、いずれも欠損部分があって、完全な形で残った和歌は一首もない。ごく一部に抹消・書き直しがあることから草案であろうと思われるが、大多数の和歌にはそうした改変の跡が残されず、すでに詠まれた和歌を集成し、和歌集としようとしたものであろう。

しかし272からは、底本となった和歌集が現在残されているのかどうか、詠者が誰であったのかなどについて明らかにすることはできない。ただし、九条家は家祖兼実以来和歌に親しんだ家として知られ、272が本記書写に転用されたと推定される当時の当主道家やその子教実も和歌を残しており、九条家当主およびその周辺の意図が働いた272編集とみて良いだろう。とくに道家は、東福寺を建てて円爾を開山とするなど仏教への関心が高く、一二番目の歌題「釈教」以降七題が仏教関係のもので、「薬草喩品」「人記品」「随喜功徳品」など法華経二八品に関連する歌題が存在することは、272と彼との関係をうかがわせて興味深い。

六　残された課題

以上、九条家本中右記の紙背に残された各種の文書について、内容別に考察を試みた。すべての文書が内容的に統一されたものではないために十分な考察とはならず、不明な点も多いことから可能性を指摘するのみとなった部分もあるが、本文書群の総体を、ある程度紹介することはできたものと考える。一方で、新たな課題も明らかになっており、最後にそれらを整理しておきたい。

まず、本文書群の伝来については主に第四節の考察から、九条家家司（特に醍醐源氏一族）のもとに集積された文書群が主体となっているであろうことが推定された。しかしきわめて多様な文書の内容から、それらのすべてが九条家家司のもとに集積されたかどうかを断定することはできなかった。摂関家の家司がいかなる職務に携わっていたのか、摂政・関白職が他家の人物に交替したとき、どのような文書や記録が継承されたのか、などといった点を改めて考える必要があろう。

また、本文書群が本記の書写に再利用された時期については、多くの紙背文書が寛喜二年（一二三〇）のものであることから、それ以降それほど長い期間をおかない時期とみたいが、この点は2を延応元年（一二三九）～仁治二年（一二四一）頃のものとする推定を踏まえると、やはり断定することはできない。書写活動は数年にわたって成されたものなのか、その場合どの程度の期間を想定すべきなのか。様々な条件を加味しなければならず容易ではないが、検討しなければならない課題だろう。

さらに、反故紙の保管と再利用（書写）の方法については、重要なデータを提供することができたものと考える。それは例えば、⑤⑦の紙背に残された勘会公文案のうち租帳案は、四分割されたうえ⑤と⑦に分散し、その順序も219→207→203→208と配されている。租帳案が本来の姿のまま裏を返され、再利用されたとすれば、それが分割・分散することはないだろう。本来巻子状であったものを、あえて切断して書写が行われたのは、書写が分業制で成されたからであろうか。また②の現状を、料紙の横寸法を統一するために不足分を補ったことによる結果と想定したが、反故紙がどのように保管・再利用されたのかについては、書写活動の方法や手順などの実態を含めて究明する必要がある。

圖書寮叢刊《としょりょうそうかん》 九条家本《くじょうけぼん》紙背文書集《しはいぶんしょしゅう》 中右記《ちゅうゆうき》

平成二十七年三月二十五日　初版発行

編　者　宮内庁書陵部《くないちょうしょりょうぶ》

発行者　株式会社 明治書院　代表者 三樹　敏

印刷者　株式会社 東京印書館　代表者 下中直人

製本者　株式会社 東京印書館　代表者 下中直人

発行所　株式会社 明治書院

東京都新宿区大久保一―一―七

郵便番号　一六九―〇〇七二

電話　〇三‐五二九二‐〇一一七

振替　〇〇一三〇‐七‐四九九一

ISBN978-4-625-42417-5